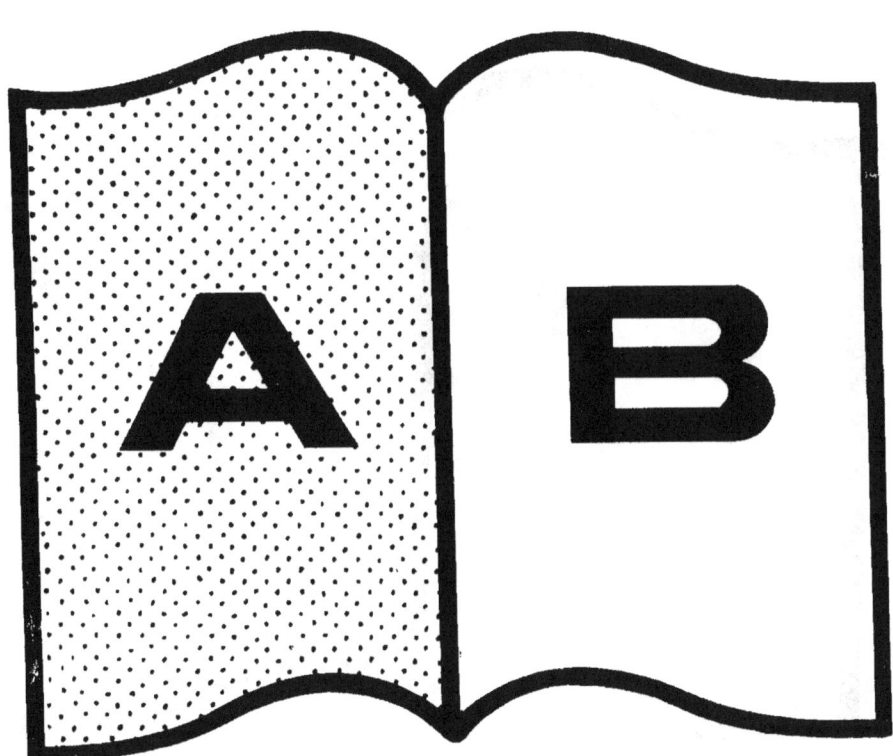

Contraste insuffisant

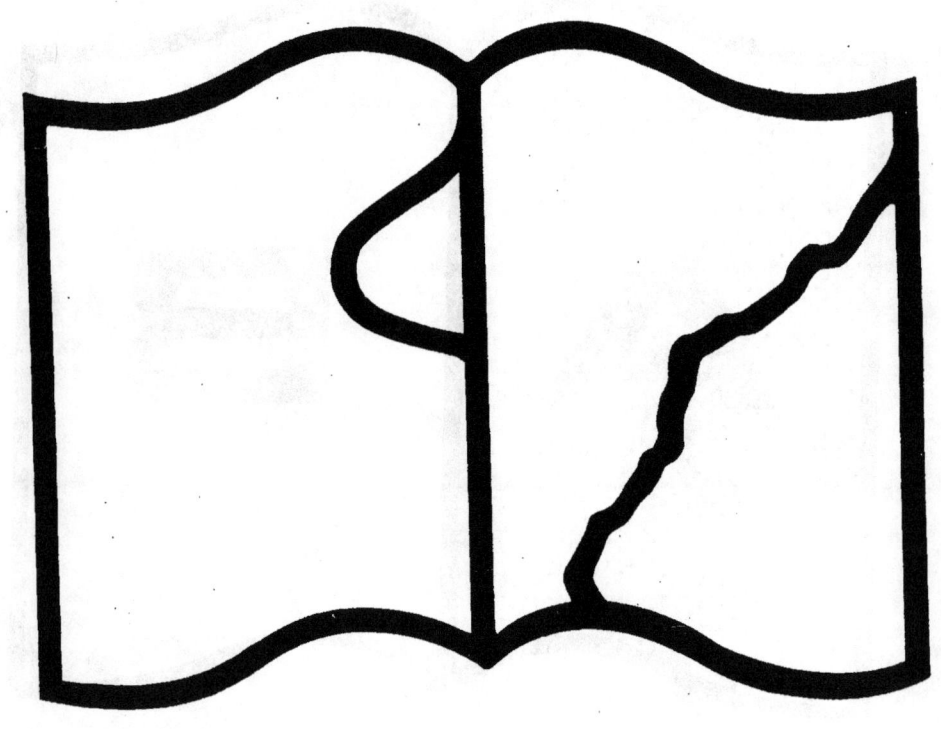

Texte détérioré — reliure défectueuse

ADOLPHE RETTÉ

Dans la lumière d'Ars

I. — Quinze jours chez le bienheureux Vianney
II. — Une retraite à Notre-Dame d'Hautecombe

PARIS
TOLRA ET SIMONET, LIBRAIRES-ÉDITEURS
28, RUE D'ASSAS ET RUE DE VAUGIRARD, 76

à Maurice Barrès,

son admirateur et son ami,

Ad. Retté

Dans la lumière d'Ars

Propriété des éditeurs

Tous droits de traduction et reproduction réservés pour tous pays

1912

ADOLPHE RETTÉ

Dans la lumière d'Ars

I. — Quinze jours chez le bienheureux Vianney
II. — Une retraite à Notre-Dame d'Hautecombe

PARIS
TOLRA ET SIMONET, LIBRAIRES-ÉDITEURS
28, RUE D'ASSAS ET RUE DE VAUGIRARD, 76

A LA MÊME LIBRAIRIE

DU MÊME AUTEUR

Du Diable à Dieu. Histoire d'une Conversion. Préface de François Coppée, 32ᵉ édition . . . . . . 3 fr. 50
Le Règne de la Bête, roman catholique, 11ᵉ édit. 3 fr. 50
Un Séjour à Lourdes. Journal d'un pèlerinage à pied. Impressions d'un brancardier, 16ᵉ édition . . . 3 fr. 50
Sous l'étoile du matin. Etude de mystique et de psychologie, 7ᵉ édition . . . . 3 fr. 50
Notes sur la psychologie de la Conversion, 10ᵉ mille, une brochure . . . . 0 fr. 50
Les Miracles de Lourdes. Réponse aux objections, une brochure, 15ᵉ mille. . . . . 0 fr. 15
Poésies, 1897-1906. (*Campagne première*; *Lumières tranquilles*; *Poèmes de la Forêt*), 2ᵉ édition . . . 3 fr. 50

En préparation

L'Esprit souffle où il veut, récits de conversions.
La Conquête de la Femme, roman catholique.

AU VÉNÉRABLE PRÊTRE

QUI, MISSIONNÉ PAR LA VIERGE IMMACULÉE,

ME TIRA DES TÉNÈBRES DE L'IGNORANCE ET DE L'ERREUR

A MON PÈRE EN JÉSUS-CHRIST

L'ABBÉ ANDRÉ MOTET

VICAIRE HONORAIRE DE SAINT-SULPICE,

J'OFFRE CE LIVRE

EN HOMMAGE DE PROFONDE RECONNAISSANCE

ET DE RESPECTUEUSE AFFECTION

A. R.

Statue due au talent et au ciseau de Cabuchet.

PRÉFACE

Un pèlerinage suivi d'une retraite, n'est-ce pas la plus salubre des villégiatures ?

Pendant des mois, l'on s'est agité dans le monde : on s'appliqua surtout au soin de se faire valoir. Pris dans le tourbillon d'une société qui semble de plus en plus en proie à la danse de Saint-Guy, on tâcha de retenir l'attention par la souplesse de ses gambades. On usa le bord de ses chapeaux à force de distribuer des saluts. On multiplia les sourires poisseux. On jabota, l'on papota, l'on potina pour recueillir cette phrase : — Voilà un Monsieur qui a bien de l'esprit. On se targua de ses jarrets sur la bicyclette ou de sa dextérité au volant d'une auto. On éplucha son plumage : les boutons de manchettes finement guillochés et les cravates assorties, avec scrupule, à la nuance du costume jouèrent un rôle important dans les préoccupations de chaque jour. Clown dans le cirque, dindon dans la basse-cour, on fit la roue parmi les vanités qui se gonflent et les orgueils qui se raidissent.

Entre temps, on choya son estomac tant aimé, ses chers petits boyaux. Ah! les gigots à point qui saignent sous le couteau! Ah! les tendres volailles qui fondent dans leur jus! Et les vins veloutés flattant les papilles de la langue! Et les bocks, couleur d'ambre, qui lubrifient les gosiers desséchés par la poussière des sports!

Puis il y eut certaines soirées où l'on suivit, l'œil en feu, les narines palpitantes, quelque piste fleurant le musc, et où l'on faillit choir dans le cloaque où Circé ne cesse de parquer ses pourceaux.

Que de fois aussi l'on prit plaisir à caresser dans son gousset maints louis tout neufs, qui promettaient des godailles imminentes et qui endurcissaient le cœur à l'égard des pauvres.

Sans aller jusqu'à suivre l'exemple des personnes singulières qui se prennent d'idolâtrie pour ces rondelles de métal luisant et qui meurent en extase devant leur coffre-fort, on se sent tenté d'accroître son pécule par un labeur improbe. Peu s'en faut qu'on ne cherche à s'initier aux charabias et aux manigances de la boursicoterie.

A travers toutes ces choses, Dieu n'est cependant pas totalement négligé. On va se recueillir, de temps à autre, à la messe. On communie assez volontiers aux grandes fêtes. On prend de bons propos — trop souvent balayés, comme des feuilles sèches, par un mistral de dissipation. Ou l'on établit une balance : dans l'un des plateaux, la religion, avec l'ascétisme et la prière ; dans l'autre, le monde avec l'orgueil, la sensualité, l'amour de l'argent. On voudrait établir l'équilibre. Mais qu'il pèse lourd le second plateau et comme il nous tire — en bas !

Si bien que, peu à peu, il se forme autour de l'âme une carapace de médiocrité, d'insouciance et de péchés. La briser serait besogne ardue si, par grâce, la conscience ne nous suggérait, en une heure d'examen rigoureux, de gagner quelque endroit où l'opération puisse se mener à bien sous l'influence d'un Saint et sous la garde de la solitude et du silence.

Alors, à l'époque où les élégances faisandées de la Haute-Noce, lasses de s'enjuiver à Paris, s'égaillent sur les plages en vogue et dans les villes d'eaux à la mode, on gagne un lieu de pèlerinage; puis, de là, l'on file chez les moines.

C'est ce que je viens d'accomplir. J'ai d'abord passé une quinzaine auprès de la châsse du bienheureux curé d'Ars. Ensuite, je suis allé parfaire ma purification et rapprendre le sens surnaturel de la vie à l'abbaye d'Hautecombe, chez les bons Cisterciens qui servent Dieu au bord de cet admirable lac du Bourget dont le pays de Savoie se glorifie à si juste titre.

J'aurais pu donner à ce livre la forme du roman, attribuer à un personnage fictif les enseignements et les impressions que j'ai reçus, combiner une intrigue, mêler des péripéties plus ou moins imaginaires à celles que j'ai réellement traversées. Mais à quoi bon ? La vérité toute nue, « l'humble vérité », n'est-elle pas plus attrayante, plus pénétrante lorsqu'on ne l'affuble pas d'ornements concertés avec art ?

J'emploierai donc le *Je* et je dirai, avec La Fontaine :

> ... J'étais là, telle chose m'advint ;
> Vous y croirez être vous-même.

Du moins, je l'espère. — Toutefois, je tâcherai d'éviter le travers où tomba feu M. de Goncourt rédigeant les dix volumes de son *Journal*.

Au temps où le naturalisme sévissait — mais où sont les vieilles lunes ! — cet écrivain crut à propos de nous révéler les détails les plus intimes de son existence quotidienne. Sans doute, croyait-il, par là, nous plonger, tout frémissants, dans des abîmes d'admiration.

Je crains qu'il ne se soit trompé. En effet, quand nous avons appris que M. de Goncourt avait mangé du poulet à son dîner, ou qu'il s'était fait poser des sangsues derrière les oreilles, ou qu'il avait souffert, toute une nuit, de la colique, ou enfin lorsqu'il nous eut confié, comme une particularité notable, que son jeune ami, M. Léon Daudet avait coutume de se disputer avec les cochers de fiacres, nous sommes demeurés très calmes.

Je m'efforcerai donc, en adoptant la forme personnelle, de n'extraire de mes notes au jour le jour que ce qui peut induire le lecteur en réflexion, en ferveur à l'égard du Bienheureux que j'ai visité, en amour de Dieu et de son Eglise.

Qu'on me permette maintenant de dire quelques mots du style dont je me sers.

L'incidente ne sera pas oiseuse, car lorsque parurent mes volumes précédents, quelques personnes m'ont reproché de me montrer trop réaliste.

Je n'y puis rien. D'abord, j'use de mon mieux du don que le Bon Dieu mit en moi d'évoquer les choses d'une façon incisive et par contrastes accusés. Ensuite, je crois que nous vivons dans un temps où les esprits aveulis ont besoin qu'on les secoue vigoureusement pour réveiller en eux le sens de l'Idéal. Et certes on n'y arriverait pas si on les trempait dans le bouillon de veau d'un style affadi.

Oui, je sais bien : je pourrais engluer mes phrases de miel dévôt ou les tartiner avec de la confiture de framboises — comme m'y exhorte mon excellent et saint ami, l'abbé Migot.

Cela ravirait peut-être maintes jeunes filles du catéchisme de persévérance. Je ne serais plus exposé à voir rougir d'indignation des joues qu'estompe délicatement le duvet de pêche de l'adolescence. Je n'entendrais plus de jolies lèvres murmurer, après la lecture de quelques lignes un peu âpres : — Quel grossier personnage !

N'est-ce pas, mademoiselle Raymonde d'A...?

Mais voilà : je n'écris guère pour les jeunes filles quoique — je me hâte de le dire — il n'y ait rien, dans le présent volume, qui soit susceptible de troubler ou de ternir des âmes ingénues et candides. J'écris surtout pour des jeunes gens virilisés par les sports, habitués aux luttes dans les milieux plébéiens, formés rudement par le service militaire. Ceux-là, le mot juste en sa brutalité, l'image vivante en sa verdeur ne les effraient pas.

Ce qui importe, c'est de ne pas les écœurer par

un style douceâtre où rien ne viendrait en relief.

Certains catholiques ne veulent pas le comprendre qui délaient leur littérature en effusions à l'eau de guimauve, en périphrases mollasses, en métaphores pâlement mucilagineuses.

Or, je ne saurais manipuler ces albumines et ces tisanes. Et puis je pense qu'il est bon de montrer à nos adversaires, qui nous tiennent pour noyés dans l'eau bénite, que nous possédons des muscles et des poings, que nous n'avons peur ni du mot net, ni de la phrase sans détours. Même le coq et l'alouette nationale peuvent chanter dans nos livres car nous ne sommes pas les chats-huants de sacristies en ruines qu'on prétend.

C'est pourquoi cette netteté — réaliste si l'on veut — me semble nécessaire pour stimuler les fidèles somnolents et pour tenir en respect les meutes mécréantes qui cherchent à souiller les murs de la Sainte Eglise.

En Dieu nom ! — comme disait Jeanne d'Arc en tirant l'épée sous Orléans, à Jargeau, à Patay — je poursuivrai donc ma veine ; j'extrairai mes vocables d'une hotte chiffonnière quand il y aura lieu, d'un parterre de lys étoilés quand la louange de ma Grande Dame la Sainte Vierge m'en sollicitera!...

Je termine en spécifiant qu'à Ars comme à Hautecombe, au pèlerinage comme au monastère, on se fortifie non seulement dans l'oraison mais aussi dans l'action catholique. De l'une et de l'autre nous avons également besoin.

C'est, si j'ai réussi, le sens du volume *d'Impressions vécues* que je vous offre aujourd'hui.

A. R.

PREMIÈRE PARTIE

QUINZE JOURS CHEZ LE BIENHEUREUX VIANNEY

Fuit homo missus a Deo cui nomen erat Joannes.
Ev. sec. Joan., 1, 6.

DANS
LA LUMIÈRE D'ARS

CHAPITRE PREMIER

Séjourner à Paris pendant les chaleurs singulières que nous venons de traverser, ce fut une mortification fort âpre pour qui que ce soit. Elle éprouva surtout ceux qui vivent d'habitude à la campagne, car un milieu de nature est devenu nécessaire à leur santé physique comme au libre jeu de leurs fonctions intellectuelles.

J'en ai fait l'expérience. Encagé, malgré moi, dans la grand'ville, durant la seconde quinzaine d'août, je souffrais non seulement de sa puanteur, de son tapage et de son tumulte, mais des effluves torrides qui ne cessaient de se dégager, même la nuit, de ses trottoirs et des pierres calcinées de ses maisons.

Quel supplice pour un infortuné poète dont la patrie d'élection se situe sous les chênes pleins d'ombre, et sous les frais bouleaux d'une forêt solitaire !

Il se traîne, en sueur, par les avenues où des platanes poussiéreux et des marronniers roussis se meurent d'asphyxie parmi les globes électriques et les kiosques à journaux. Le soir, rentrant à son hôtel, il jette un coup d'œil craintif sur le thermomètre et soupire en constatant que l'impitoyable colonne de mercure marque férocement trente degrés au-dessus de zéro.

Ainsi, de l'aube au crépuscule, du crépuscule à l'aube, il lui faut suffoquer, subir la lente torture d'une insomnie féconde en idées noires, chercher en vain les aliments qui ressusciteraient un appétit défunt. A ce métier, le cerveau semble se transformer en une sorte d'éponge imprégnée d'eau tiède : impossible d'en exprimer une idée nette. On vaque, avec langueur, aux affaires qui vous clouent dans la cité dolente. On demeurerait totalement incapable de les conclure si votre bon Ange ne vous venait en aide.

Reste la ressource de la prière dans les églises. Il y a surtout Notre-Dame des Victoires asile béni, refuge incomparable des exilés dans la fournaise parisienne. Ils n'ignorent pas qu'aux pieds de la Mère de miséricorde, ils trouveront réconfort, consolations et lumières. Et Dieu sait qu'ils vont s'y recueillir le plus qu'ils peuvent !

Mais, — et cela est fort regrettable — on ne peut s'éterniser devant la Dame de Bon Conseil. D'autant que, dès le jour tombé, une clochette retentit qui vous enjoint de déguerpir. Aussitôt un Suisse fatidique profère ces mots affligeants : *On ferme !*

Après un dernier *Sub Tuum*, tout de même moins geignard, favorisé d'une grâce de résignation, l'on regagne son gîte. Et l'on oublie, pendant quelques heures, les ténèbres brûlantes qui vous oppriment tant le sourire de l'Etoile du Matin vous rafraîchit l'âme.

Je revenais donc sans cesse à Notre-Dame des Victoires pour y implorer l'Immaculée. Je lui disais :

— Bonne Mère, ce n'est sûrement pas votre volonté que je me dissolve dans cette ville calorifique. Faites que les obstacles tombent qui m'y emprisonnent. Désignez-moi l'abri où mes oraisons ne seront pas concassées par le fracas des autobus, ni hachées par le nasillement des gramophones. Rendez-moi les arbres, la solitude et le silence dont j'ai besoin...

Il faut mentionner, en effet, que, par un surcroît de tribulation, la fenêtre de ma chambre donnait sur une cour où de délirants mélomanes déversaient, jusqu'à des onze heures du soir, les musiques enregistrées sur des disques infatigables. Toutes les gargouillades sentimentales du sinistre Gounod, toutes les turlutaines de l'affreux Thomas ! Une voix de polichinelle enrhumé n'arrêtait de glapir : *Ah ! je ris de me voir si belle en ce miroir*, que pour chevroter : *Connais-tu le pays où fleurit l'oranger !*

Le matin, j'avais bien, pour me purifier l'oreille de ces cacophonies soi-disant mélodiques, une admirable messe chez les Bénédictines de la rue Monsieur. Mais *ceci* n'arrivait pas à tuer *cela*.

Comme toujours, la Vierge prit en pitié son pauvre trimardeur. Elle fit qu'un de ses plus fervents chevaliers, en partance pour Ars, me proposa de l'accompagner.

Forêt de FONTAINEBLEAU — Le Pharamond
le plus vieil Arbre de la Forêt, âgé de 14 siècles (E D)

qui m'y emprisonnent. Désignez-moi l'abri où mes oraisons ne seront pas concassées par le fracas des autobus, ni hachées par le nasillement des gramophones. Rendez-moi les arbres, la solitude et le silence dont j'ai besoin...

Il faut mentionner, en effet, que, par un surcroît de tribulation, la fenêtre de ma chambre donnait sur une cour où de délirants mélomanes déversaient, jusqu'à des onze heures du soir, les musiques enregistrées sur des disques infatigables. Toutes les gargouillades sentimentales du sinistre Gounod, toutes les turlutaines de l'affreux Thomas! Une voix de polichinelle enrhumé n'arrêtait de glapir : *Ah! je ris de me voir si belle en ce miroir*, que pour chevroter : *Connais-tu le pays où fleurit l'oranger!*

Le matin, j'avais bien, pour me purifier l'oreille de ces cacophonies soi-disant mélodiques, une admirable messe chez les Bénédictines de la rue Monsieur. Mais *ceci* n'arrivait pas à tuer *cela*.

Comme toujours, la Vierge prit en pitié son pauvre trimardeur. Elle fit qu'un de ses plus fervents chevaliers, en partance pour Ars, me proposa de l'accompagner.

Forêt de FONTAINEBLEAU — Le Pharamond
le plus vieil Arbre de la Forêt, âgé de 14 siècles

On devine avec quelle allégresse j'entrai dans ses vues ! En une demi-journée, les affaires qui me bloquaient furent résolues par l'intercession certaine de ma Protectrice. Je bouclai ma valise. — Et il n'y eut, ce soir-là, en la gare de Lyon, nul voyageur pour escalader d'un pied plus alerte les marches d'une voiture à couloir.

7 septembre, veille de la *Nativité de la Sainte-Vierge*.

CHAPITRE II

Ah ! rouler dans la nuit, emportés par un rapide qui ne s'arrêtera que deux ou trois fois avant la gare lointaine où nous devons faire escale. Voir Paris s'effacer peu à peu dans la brume embrasée et rougeâtre dont il s'enveloppe. Les fortifications franchies, respirer une atmosphère déjà plus fraîche. Saluer, comme l'avant-garde de la vraie campagne, les jardins maraîchers de la banlieue qui dorment, sous la pleine lune couleur de vieil or.

Quelles voluptés saines !

Mon compagnon de pèlerinage et moi, nous sommes seuls dans le wagon. — Egalement heureux de fuir la cité guignolante et fiévreuse, pareillement joyeux de gagner Ars, nous arpentons le couloir, chacun de notre côté, sans d'abord nous rien dire. Puis revenus face à face à l'entrée du compartiment qui détient nos valises, d'un geste spontané, nous secouons nos mains unies et — Dieu me pardonne — je crois que nous esquissons quelques entrechats, tant nous éprouvons le besoin de donner issue à notre allégresse.

Ensuite on cause. Entre un écrivain qui se souvient parfois de sa jeunesse picaresque et un artiste dont le crayon s'égaie en des légendes où le Bloc est traité sans aucun respect, les propos prennent volontiers une tournure argotique. Aussi, les phrases suivantes fusent sous le lumignon Auer, qui fait semblant de nous éclairer :

— Enfoncé Pantin !

— Tu parles d'un record vers le Bon Dieu !

— Du cent à l'heure, sans panne de différentiel...

— *Sous un ciel différent qu'il fera bon prier.*

— Oh ! un calembour... et, de plus, un vers.

— Eh bien, il faut compléter le distique !

— Voilà : *très loin de l'Odéon, monument fort pompier.*

— *Loin de ton bronze affreux, buste d'Emile Augier.*

— Ah ! cela devient un tercet...

— Parfaitement, et maintenant, il s'agit de pousser jusqu'au quatrain.

— Voici : *loin des lieux où Reinach entasse son fumier*.

— Excellent : *Bruno, si tu poursuis, tu ceindras le laurier*.

— Oh ! assez comme cela !... Mais, mon Retté, cette randonnée en Ars m'ahurit de joie... J'en suis comme deux ronds de flan.

— Et moi, comme une vieille tomate farcie de jubilation, ô Bruno, dit la Terreur d'Israël...

Car mon interlocuteur, c'est Bruno, l'incisif caricaturiste de *la Revue anti-maçonnique*, celui qui coiffa la trogne vineuse du général André d'une casserole définitive.

Bruno s'absorbe quelques minutes, puis il reprend : — La tribu Reinach me hante... C'est pourquoi, vu l'actualité : fuite de la Joconde, voici comment je conçois mon dessin du prochain numéro : Salomon Reinach surmonté, comme il sied, de la tiare de Saïtaphernès et présentant le portrait du général Picard. Comme titre : *Quand Salomon Reinach sera conservateur du Louvre.* Comme légende,

Salomon : — *La voilà la vraie Joconde ! Et elle aussi a été hors cadre...* (1).

Cette triomphante invention me réjouit si fort que je me mets à chanter :

> Si Rothschild m'avait donné
> Paris sa grand'ville
> Et qu'il me fallût quitter
> L'amour de Marie,
> Je dirais au roi Rothschild :
> Garde ton Paris pourri,
> J'aime mieux Marie, ô gué,
> J'aime mieux Marie !

Bruno déclare : — Moi aussi, j'aime mieux Marie. Aussi, vous allez vous taire afin que je récite son Petit Office en paix. J'ai été tellement pris par le soin de plier mes frusques dans un sac, par les adieux sentimentaux à ma fiancée et par d'autres anicroches, que je n'ai pu trouver un moment pour me recueillir devant la Bonne Mère.

— Erreur, dis-je, faut-il te rappeler que, ce matin, nous mîmes chacun un cierge à Notre-

---

(1) Le dessin fut, en effet, exécuté tel quel. On le trouvera dans le numéro de septembre 1911 de la *Revue anti-maçonnique*.

Dame des Victoires ? Cela n'alla pas sans quelque oraison.

— Vous mettrez un autre cierge dans l'église d'Ars et moi de même... Mais, en attendant, j'entame les matines de la Nativité. Donc : silence !

J'approuve et, tandis que mon co-pèlerin feuillette son bréviaire, je prononce mentalement cette invocation qui m'est quotidienne :

— Vierge toute belle, ma Grande Dame et ma Mère, souvenez-vous que je vous appartiens. Aimez-moi, disposez de moi comme de votre chose et de votre propriété. Dirigez-moi, instruisez-moi ; défendez-moi, parce que je suis votre petit enfant très stupide et votre trimardeur. Faites que je sois humble comme l'âne de la crèche à Bethléem ; faites que je sois un copeau sous le rabot de saint Joseph à Nazareth ; mettez dans ma main un pli de votre robe afin que je monte derrière vous au Calvaire ; souffrez que je devienne le moindre rayon de la plus petite des étoiles qui vous auréolent...

Le train longe, à distance, la forêt de Fontainebleau, qui arrondit ses futaies en dômes d'ombre de l'autre côté de la Seine. Le front à la vitre, je m'émeus en contemplant ce royaume des arbres où j'ai vécu, souffert, prié, entendu la voix du Paraclet, où Notre-Dame-de-Grâce, souriante en sa solitude de Cornebiche, me prit pour me conduire à Dieu.

Ah! ma chère forêt, je ne puis t'apercevoir sans que des larmes me piquent les paupières. Quand donc aurai-je à l'orée d'une de tes avenues, la maison paisible, le foyer familial que je rêve? Là, le vagabond de tous les chemins de France poserait si volontiers, pour ne plus les reprendre, le bâton et la besace. Là, il emploierait à prier le reste d'une vie qui déclinera bientôt vers la tombe. Vœu suave!...

Mais non, je suis lâche. Est-ce que Dieu m'a confié les armes de la parole et de la plume pour que je laisse la rouille s'y empreindre? Ne dois-je pas combattre jusqu'au dernier souffle s'Il l'exige? D'ailleurs, l'expérience est faite : chaque fois que j'ai pris un peu de repos, l'ange du Seigneur ne tardait pas à me désigner de nouveaux champs de bataille. J'ai toujours obéi; et cette docilité me valut des grâces surabondantes... Et pourtant, je suis si faible et si insuffisant! Il est vrai : j'ai pêché quelques âmes pour Dieu dans de bien étranges marécages. Et,

361. Forêt de FONTAINEBLEAU - ARBONNE
Notre-Dame de Grâce

Rocher de Cornebiche.

pourtant, je ne suis qu'un filet rapiécé. J'ai réchauffé quelques fidèles attiédis. Et, pourtant, je suis, moi-même, une cendre froide. L'envie, la calomnie — les hommes m'ont mordu. Et Dieu m'octroya la faveur de ne pas leur en vouloir. A peine avais-je un peu souffert que, pour me réconforter, Il m'entr'ouvrait, dans l'oraison, les portes vermeilles de son Paradis.

Et je me plaindrais ?

Non ! je sens que ma tâche n'est pas terminée. Je sens que je puiserai des nouvelles forces auprès du Bienheureux que je vais vénérer...

Comme je ratiocine de la sorte, ma pensée se tourne vers cet extraordinaire petit curé, vers ce Thaumaturge — très actuel — que des gens qui vivent encore ont pu voir, toucher, éprouver en ses miracles. Plus spécialement, je songe à la visite que l'admirable Benoît Labre fit à ses parents peu avant sa naissance...

Dardilly, qu'habitaient les Vianney, est un petit village situé à l'extrémité d'un plateau onduleux d'où l'on découvre les collines qui encerclent Lyon et, par les jours sereins, le clocher de Fourvière. Une tradition de charité rendait cette famille accueillante aux miséreux qui frappaient à sa porte.

Un soir, en 1770, s'y présenta un jeune homme en guenilles, dont l'air de recueillement et l'on ne sait quelle clarté, filtrant à travers la crasse qui lui enduisait la figure, frappèrent l'aïeul du Bienheureux.

Le mendiant sollicita l'hospitalité au nom de Jésus-Christ. Mais, comme on la lui accordait avec empressement, il insista pour coucher sur la paille à l'écurie et pour n'accepter qu'une portion infime des aliments qu'on lui offrait.

« Tandis qu'il mangeait, tous étaient émus
« par l'expression de ce visage où la misère
« s'auréolait d'une résignation grave. Quand il
« se fût éloigné, les paroles de bénédiction, qui
« tombèrent de ses lèvres, laissèrent dans le
« cœur de Pierre Vianney et surtout de son fils
« Mathieu une mystérieuse espérance de bon-
« heur à venir... (1). »

Ce Mathieu fut le père du Curé d'Ars. Quant au loqueteux, c'était saint Benoît Labre.

Me remémorant cette rencontre, je ne puis qu'établir une corrélation entre le héros de la pénitence qui se porta victime pour les péchés

---

(1) *Vie du Bienheureux Vianney,* par l'abbé Renoud, missionnaire d'Ars.

du xviiiᵉ siècle, et l'apôtre de l'humilité qui purifia tant d'âmes au xixᵉ siècle.

L'un se nourrissait d'épluchures, l'autre tenta de se nourrir d'herbe. L'un, averti par une vision formidable, prophétisait à son confesseur le cataclysme révolutionnaire et lui montrait le Saint-Sacrement couvert d'ordures. L'autre propagea la dévotion réparatrice au Pauvre du Tabernacle et balança, par des merveilles de conversions, les effets purulents de la ribote jacobine.

— Oui, me dis-je, la visite de saint Labre aux Vianney, ce fut un signe de Dieu. Une étincelle jaillie de la fournaise d'amour, qui incendiait l'âme du Saint, alluma chez le Bienheureux le bûcher de charité qui flamba pendant plus de soixante-dix années...

Cependant, le train file d'une vitesse toujours accélérée. Nous tombons dans une vague somnolence d'où nous tire le grognement des freins et les clameurs de la locomotive quand nous entrons dans la gare de Bourg-en-Bresse. Il est trois heures du matin. Quelque chose comme un petit-jour blafard grandit à l'horizon, du côté de la Suisse, mais sous le hall enfumé, la nuit s'attarde. Des hommes d'équipe, pareils à des fantômes, agitent des lanternes, tapent sur les roues avec des marteaux, poussent paresseusement des chariots à bagages. Des touristes, écroulés sur des bancs, attendent pleins d'une torpeur morne des express retardataires. Il fait brumeux, il fait froid : on grelotte.

Bruno et moi, mal réveillés, nous nous traînons vers la redoutable ligne « d'intérêt local » qui nous mènera en Ars à l'allure d'un colimaçon neurasthénique.

Elle fut, en effet, fort pénible cette dernière partie de notre voyage. D'abord, la compagnie qui assume le monopole de brouetter les pèlerins, mue, sans doute, par le désir de leur infliger une mortification préalable, négligea d'asseoir ses wagons sur des ressorts. De sorte qu'aussitôt en marche, on tressaute sur les banquettes en bois dur comme le feraient des billes sur un tambour.

En outre, le train s'immobilise à l'infini dans des stations minuscules. On croirait qu'il se demande s'il ira plus loin ou s'il nous gardera, figés en cage, jusqu'à la consommation des siècles.

Très fatigué par mon séjour anémiant à Paris plus encore que par le voyage, assez souffrant,

des fantômes, agitent des lanternes, tapent sur les roues avec des marteaux, poussent paresseusement des chariots à bagages. Des touristes, écroulés sur des bancs, attendent pleins d'une torpeur morne des express retardataires. Il fait brumeux, il fait froid : on grelotte.

Bruno et moi, mal réveillés, nous nous traînons vers la redoutable ligne « d'intérêt local » qui nous mènera en Ars à l'allure d'un colimaçon neurasthénique.

Elle fut, en effet, fort pénible cette dernière partie de notre voyage. D'abord, la compagnie qui assume le monopole de brouetter les pèlerins, mue, sans doute, par le désir de leur infliger une mortification préalable, négligea d'asseoir ses wagons sur des ressorts. De sorte qu'aussitôt en marche, on tressaute sur les banquettes en bois dur comme le feraient des billes sur un tambour.

En outre, le train s'immobilise à l'infini dans des stations minuscules. On croirait qu'il se demande s'il ira plus loin ou s'il nous gardera, figés en cage, jusqu'à la consommation des siècles.

Très fatigué par mon séjour anémiant à Paris plus encore que par le voyage, assez souffrant,

je me mets en boule dans un coin et je tâche de m'assoupir malgré les cahots et malgré les rayons du soleil levant qui me chatouillent les cils.

Quant à Bruno, il se montre stoïque. Les traits tirés par le jeûne, les yeux papillotants, il extrait de sa poche un petit Évangile selon saint Jean et, sagement, il se soutient en absorbant la parole sacrée. — Je l'admire, mais je n'ai pas la force de l'imiter.

Enfin, après quarante kilomètres environ, — couverts en trois heures et demie ! — Bruno me secoue : — Debout, nous sommes arrivés...

Je regarde — et je ne vois rien, sauf une maisonnette faisant office de gare, quelques buissons poussiéreux, une plaine déjà ravagée de soleil, une route cailloteuse.

— Eh bien, où donc est Ars?

— Par là, reprend Bruno, et, du geste, il indique l'orient.

Comme je marque quelque désappointement, car je m'espérais au port, il ajoute : — Nous avons vingt minutes de voiture.

Soupirant, mais résigné à tout, je me hisse derrière lui dans une tapissière qui, sans se presser le moins du monde, nous emporte vers le village.

Nous saluons au passage la statue de sainte Philomène qui s'érige en avant des premières maisons. Nous dévalons une pente. Voici l'auberge où nous laissons nos valises. Voici la Basilique où nous allons tout de suite entendre une messe.

Tout en gravissant les marches, je me dis :
— Je souhaite que le Bienheureux ne m'en veuille pas. Je fais preuve de bonne volonté, mais j'ai très peur de m'endormir sur mon prie-Dieu dès l'*Introït*...

CHAPITRE III

Pourtant je n'ai pas dormi. — Quand on pénètre dans cette église, où repose la dépouille du saint Curé, il semble que l'âme, jusqu'alors dispersée aux mille impressions que lui apportaient les sens, se concentre sur elle-même. Les échos du monde qui s'y répercutaient font silence. Spontanément, sans qu'elle s'y efforce, les inquiétudes et les soucis restent à la porte. Fatigues et malaises sont oubliés : elle se sent aussitôt toute prête à recevoir la visite de l'Esprit Consolateur.

Cette grâce d'apaisement doit être fréquente chez les pèlerins. En effet, lorsque, peu après mon séjour en Ars, j'eus publié un article où je la signalais, plusieurs personnes m'écrivirent qu'elles l'avaient pareillement éprouvée.

Libérée de la sorte, l'âme se hausse, avec aisance, à l'oraison. Tantôt, les yeux fixés sur la châsse du Bienheureux, on contemple le masque de cire qui reproduit fidèlement les traits de son visage ; et cette simple vue incite à la douceur et à l'humilité. Tantôt, le regard s'arrête sur quelqu'une des fresques qui retracent maints épisodes de son apostolat ; et l'on se trouve enclin à suivre, guidé par lui, la voie, pleine de ronces et de roses, dont les méandres montent à Dieu.

D'habitude, je suis assez strictement l'admirable liturgie de la messe. Mais, ce jour-là, je gardai clos mon paroissien. Mes lèvres n'articulaient aucune des prières rituelles. Mon cœur seul parlait. Et c'était pour déborder en une vague d'amour et de confiance, rompant les formules consacrées et venant expirer en larges ondes aux pieds de mon Jésus qui descendait sur l'autel, à l'appel de l'officiant.

Cette initiation aux privilèges d'Ars se prolongea. Bruno demeurait, comme moi, fondu dans l'oraison. Si bien que plusieurs messes se succédèrent sans que nous prissions conscience du temps écoulé.

Il y a là encore un phénomène spécial à l'atmosphère surnaturelle qui règne entre ces murs

Vernu, phot., Ars (Ain) Tombeau du Curé d'Ars — Intérieur de l'Eglise d'ARS (Ain)

sance, à l'oraison. Tantôt, les yeux fixés sur la châsse du Bienheureux, on contemple le masque de cire qui reproduit fidèlement les traits de son visage ; et cette simple vue incite à la douceur et à l'humilité. Tantôt, le regard s'arrête sur quelqu'une des fresques qui retracent maints épisodes de son apostolat ; et l'on se trouve enclin à suivre, guidé par lui, la voie, pleine de ronces et de roses, dont les méandres montent à Dieu.

D'habitude, je suis assez strictement l'admirable liturgie de la messe. Mais, ce jour-là, je gardai clos mon paroissien. Mes lèvres n'articulaient aucune des prières rituelles. Mon cœur seul parlait. Et c'était pour déborder en une vague d'amour et de confiance, rompant les formules consacrées et venant expirer en larges ondes aux pieds de mon Jésus qui descendait sur l'autel, à l'appel de l'officiant.

Cette initiation aux privilèges d'Ars se prolongea. Bruno demeurait, comme moi, fondu dans l'oraison. Si bien que plusieurs messes se succédèrent sans que nous prissions conscience du temps écoulé.

Il y a là encore un phénomène spécial à l'atmosphère surnaturelle qui règne entre ces murs

Tombeau du Curé d'Ars — Intérieur de l'Eglise d'ARS (Ain)

sanctifiés. Non seulement le monde recule et disparaît derrière l'horizon, mais la notion de la durée s'abolit. Il semble qu'on fût ici depuis toujours. Il semble qu'on y restera toujours et que rien ne pourra vous distraire de prier sous l'égide du Bienheureux.

L'attrait persista. Pendant la journée, nous causions parfois dehors avec les missionnaires ou nous allions entretenir, quelques instants, la Supérieure des religieuses qui dirigent la maison de la Providence. Ou nous flânions très vagues sur la petite esplanade, au chevet de la Basilique. Mais, sans cesse, nous étions ramenés, comme par une chaîne suavement impérieuse, auprès de la châsse.

Quand le soir vint, nous assistâmes à la prière de six heures, instituée par le Bienheureux et dont la tradition a été maintenue par les bons prêtres qui lui succédèrent.

Ce nous fut une joie nouvelle d'égrener les dizaines du chapelet de l'Immaculée Conception. La Dame de Miséricorde était là. Recevant des mains de son Vianney nos actions de grâces et nos demandes, elle transmuait ces ternes verroteries en gemmes claires qu'elle liquéfiait au feu du cœur de son Fils.

Nous le savions bien, mais nous ressentions quelque honte à la pensée que notre offrande était si peu de chose.

Elle s'en aperçut et pour nous encourager, elle nous dit : — Bruno qui combats pour ma gloire, et toi, mon Retté trimardeur, vous me tendez vos âmes et cependant vous les voyez comme des médailles vert-de-grisées. Eh bien ! moi, il me plaît d'agir comme si elles étaient d'or fin et d'y frapper mon effigie de lumière. Qu'avez-vous à dire ?

— Rien, Madame, vous êtes l'Etoile et nous, les archers de l'Etoile. Qu'il nous soit fait selon votre volonté...

Après la cérémonie, nous avons stationné quelques minutes sur l'esplanade. La nuit pâle, où voguait la nef diamantée de la lune, coulait à travers des feuillages assoupis. L'odeur saine de la campagne nous vint aux narines, et nous comprîmes que *réellement* nous étions loin de l'odieux Paris. Jusqu'à cette heure, et depuis notre arrivée, nous avions vécu, comme en rêve, dans le rayonnement du Bienheureux. Puis, le cœur paisible, nous nous sommes embrassés, sans souffler mot, et nous avons gagné, chacun, notre lit.

CHAPITRE IV

Examinons un peu ce que fut le Curé d'Ars, ce prédestiné que Pie X donna pour modèle et patron au clergé de France.

Je n'ai pas l'intention de raconter sa vie : la chose a été faite, et très bien, par son disciple l'abbé Monnin, dans deux volumes dont la méditation me fut fructueuse. Je tâcherai seulement de déterminer les caractéristiques de sa psychologie et de montrer, par là, comment Dieu se sert souvent d'instruments chétifs, pour manifester les merveilles de son Amour.

Cette analyse ne sera pas hors de propos. Car nous vivons dans un temps où le rationalisme le plus bêta régit beaucoup trop d'intelligences.

En constatant le fait, je n'ai pas uniquement

en vue les pauvres diables qui, se tenant pour la postérité des macaques, ne découvrent en eux-mêmes que des instincts bruts et des appétits sensuels. Je pense aussi à l'état d'esprit de plusieurs catholiques qui paraissent craindre d'avouer le Surnaturel. C'est, sans doute, à leur usage que furent rédigées ces Vies de Saints où l'intervention divine dans les affaires de ce monde est réduite à un minimum presque microscopique, où les faits miraculeux et les épopées de la Grâce ne sont rapportés qu'avec une sorte de gêne, comme si l'on s'excusait, vis-à-vis des mécréants, de feindre la croyance à ces légendes.

D'autres vont encore plus loin : ils laissent carrément de côté tout ce qui échappe aux explications humaines.

Je me rappelle, dans ce genre, un certain de Broglie qui publia naguère une Vie de saint Ambroise. Ce libérâtre, gonflé de suffisance et d'aphorismes gourmés, badigeonna de son ripolin doctrinaire la figure du grand évêque. Quant à Dieu et à son action par le Saint — aucune nouvelle !

Or, le Surnaturel nous sollicite constamment. Mais pour l'apercevoir, il ne faut emprunter ni les besicles de Loisy, ni le lorgnon de Mgr Duchesne. Il faut se garder une vision nette par la prière et par la fréquentation des sacrements. Il faut admettre l'autorité de l'Eglise non seulement pour le dogme, mais aussi pour l'exégèse et la tradition. Il ne faut pas s'écrier avec un prêtre que je connais : — A notre époque, Dieu ne fait plus de miracles et ne suscite plus de Saints... Bref, il faut se tenir humble devant le mystère.

Et voilà le difficile quand on baigne, comme nous tous, dans un milieu social où l'homme, affolé par les racontars hâtifs d'une science charlatanesque, tend de plus en plus à s'adorer lui-même.

On y arrive, cependant, par l'étude certes, et par la réflexion — davantage encore par l'oraison. Et alors les yeux se dessillent. On découvre que ce qu'on prenait pour la réalité n'est qu'une illusion de l'orgueil. Le sens véritable de l'histoire et même de tels incidents de l'existence quotidienne s'éclaire. La notion du Surnaturel s'établit solidement en nous. A sa lumière, nous comprenons enfin quel courant admirable ne cesse de circuler entre l'Eglise militante, l'Eglise souffrante et l'Eglise triomphante...

C'est en me plaçant à ce dernier point de vue que je tenterai d'esquisser un profil du bon Vianney.

Voyons d'abord son presbytère. Cette visite nous fournira des données sur ses mœurs et ses habitudes.

Accueilli à merveille par le curé actuel, l'excellent chanoine Convert, par ses aimables vicaires et par les missionnaires d'Ars, je reçus tous les documents et tous les renseignements dont je pouvais avoir besoin. En outre, ces messieurs voulurent bien m'autoriser à stationner dans le presbytère aux heures où les pèlerins n'y sont point admis. Je me suis donc enfermé à clé dans la chambre où le Bienheureux fit oraison, souffrit les assauts du Mauvais, accomplit de rigoureuses pénitences, fut visité par la Madone et par les Saints, et naquit à la gloire éternelle.

Les notes qui me servent pour ce chapitre furent écrites sur la table où il prenait des fantômes de repas. Enfin, j'ai prié, pleuré mes péchés, à genoux, au pied du lit où il étendait, deux ou trois heures par nuit, son corps épuisé par les austérités et les fatigues d'un ministère surhumain.

Presbytère du Bienheureux Curé d'Ars

C'est en me plaçant à ce dernier point de vue que je tenterai d'esquisser un profil du bon Vianney.

Voyons d'abord son presbytère. Cette visite nous fournira des données sur ses mœurs et ses habitudes.

Accueilli à merveille par le curé actuel, l'excellent chanoine Convert, par ses aimables vicaires et par les missionnaires d'Ars, je reçus tous les documents et tous les renseignements dont je pouvais avoir besoin. En outre, ces messieurs voulurent bien m'autoriser à stationner dans le presbytère aux heures où les pèlerins n'y sont point admis. Je me suis donc enfermé à clé dans la chambre où le Bienheureux fit oraison, souffrit les assauts du Mauvais, accomplit de rigoureuses pénitences, fut visité par la Madone et par les Saints, et naquit à la gloire éternelle.

Les notes qui me servent pour ce chapitre furent écrites sur la table où il prenait des fantômes de repas. Enfin, j'ai prié, pleuré mes péchés, à genoux, au pied du lit où il étendait, deux ou trois heures par nuit, son corps épuisé par les austérités et les fatigues d'un ministère surhumain.

Presbytère du Bienheureux Curé d'Ars.

On entre d'abord dans une petite cour que bordent, à l'Ouest, une buanderie et une resserre à bois, — où il n'y eut jamais grande provision de fagots ni de bûches. Deux sureaux l'ombrageaient. L'un fut abattu, il y a peu, par le vent ; l'autre ne prospère pas beaucoup. En effet, pendant longtemps, les pèlerins, passionnés pour emporter un souvenir, en ont largement taillladé l'écorce. Afin de le protéger contre ces indiscrètes dégradations, on a dû l'habiller, jusqu'au haut du tronc, d'un treillis en fil de fer très serré. Néanmoins, il aura du mal à se remettre de ses blessures.

Le presbytère occupe l'orient de la cour. C'est une maison paysanne, de façade assez mal crépie et de proportions exiguës. A gauche, au rez-de-chaussée, une pièce de débarras où le saint curé n'entrait guère. A droite, sa cuisine. Elle contient le cercueil dans lequel il fut enterré et les restes d'un lit que le démon incendia un jour où le Bienheureux lui avait arraché plusieurs âmes. On y voit aussi quelques ustensiles, entre autres le panier sans anse ni couvercle où il gardait une douzaine de pommes de terre souvent germées ou moisies ; la marmite où il les faisait cuire ; la poêle où il confectionnait les trois crêpes, lourdes comme du plomb, qui constituaient parfois sa nourriture de vingt-quatre heures. Il les appelait des *matefaim*. Ainsi, deux tubercules avariés, une poignée de farine délayée dans de l'eau et à peine passée au feu, quelques gorgées de lait, tel fut le menu de ses repas de 1818 à 1859. Quarante et un ans de ce régime qu'eussent acclamé les Pères du désert, et quinze à dix-sept heures de ministère par jour...

Montons l'escalier aux marches crevassées. A l'unique étage, deux pièces au-dessus desquelles ne s'étend qu'un grenier surbaissé. Dans celle de droite, le Bienheureux logeait ses visiteurs de passage. Elle est garnie aujourd'hui de vitrines pleines de reliques : par exemple, ses ornements sacerdotaux, une soutane râpée, reprisée, rongée des mites, un vieux parapluie jaunâtre, une fiole contenant un peu de son sang, qui, par un privilège mystérieux, demeure liquide. Enfin, des instruments de pénitence dont la seule vue fait frémir : notamment un cilice à mailles de fer, garni de crochets aigus, longs de trois à quatre centimètres, et qui devaient lui déchirer la chair à chaque mouvement qu'il faisait. Puis une ceinture de corde,

Véque, phot., Ars (Ain)
Mobilier et Reliques du Bienheureux Curé d'Ars

fectionnait les trois crêpes, lourdes comme du plomb, qui constituaient parfois sa nourriture de vingt-quatre heures. Il les appelait des *matefaim*. Ainsi, deux tubercules avariés, une poignée de farine délayée dans de l'eau et à peine passée au feu, quelques gorgées de lait, tel fut le menu de ses repas de 1818 à 1859. Quarante et un ans de ce régime qu'eussent acclamé les Pères du désert, et quinze à dix-sept heures de ministère par jour...

Montons l'escalier aux marches crevassées. A l'unique étage, deux pièces au-dessus desquelles ne s'étend qu'un grenier surbaissé. Dans celle de droite, le Bienheureux logeait ses visiteurs de passage. Elle est garnie aujourd'hui de vitrines pleines de reliques : par exemple, ses ornements sacerdotaux, une soutane râpée, reprisée, rongée des mites, un vieux parapluie jaunâtre, une fiole contenant un peu de son sang, qui, par un privilège mystérieux, demeure liquide. Enfin, des instruments de pénitence dont la seule vue fait frémir : notamment un cilice à mailles de fer, garni de crochets aigus, longs de trois à quatre centimètres, et qui devaient lui déchirer la chair à chaque mouvement qu'il faisait. Puis une ceinture de corde,

large comme la main et hérissée de clous. Les débris des chaînes avec lesquelles il se flagellait jusqu'à les rompre.

A gauche, la chambre à coucher. Ce n'est que la prière aux lèvres qu'on ose en franchir le seuil. Là, cette belle reine qu'on appelle la Sainte Pauvreté avait établi son trône. Là aussi, Notre-Seigneur, la Sainte-Vierge, les anges sont venus assister le Bienheureux dans ses luttes contre le Mauvais, lui prodiguer les marques de leur tendresse, lui accorder des miracles de conversion et de guérison.

Ah! quand on considère cette cellule, on se sent contrit jusqu'au fond du cœur. On redoute de fouler ce sol où ses pieds se sont posés. Il semble que des auréoles de roses radieuses s'épanouissent encore au plafond.

La chambre n'est pas grande : quatre pas de large environ sur six pas de long. Il y fait assez obscur, car une seule fenêtre, étroite et ouverte sur le couchant, l'éclaire ; on a dû la défendre par des barreaux scellés dans l'appui extérieur. Maintes escalades, tentées jadis pour ravir quelque objet, ont obligé de prendre cette précaution. C'est pour la même raison qu'on a condamné par un volet doublé de tôle une autre fenêtre qui regardait le Sud. Deux poutres fendillées traversent le plafond bas et tout enfumé. Les murs sont gris, grumeleux, maculés çà et là par la suie et l'humidité ; des plâtras s'en détachent. Jamais ils ne furent peints ni tapissés, sauf celui du fond où se devinent les fragments d'un papier à trois sous le rouleau. On marche sur des carreaux déteints, brisés, crevassés, et dont plusieurs ne tiennent plus dans leur alvéole.

Le lit où le Bienheureux mourut attire d'abord le regard. C'est une couchette étroite et basse, en bois de sapin badigeonné en gris clair. Quatre montants supportent un baldaquin et des rideaux de serge grise à raies bleues où ne manquent pas les trous. Une paillasse fort plate étendue sur une planche. On sait que le Bienheureux prenait soin d'en retirer la paille fraîche que ses amis essayaient parfois d'y introduire en cachette de lui. Une courtepointe brune à fleurs bleues passées. Elle est si mince qu'elle ne devait guère garantir du froid. Des draps rudes où se voient deux taches de sang. Un traversin en grosse toile bourré de paille. Un oreiller. Si l'on pèse de la main sur cette couche rudimentaire, on sent qu'elle offre à peu près le moelleux d'une dalle de granit. L'on se demande comment le Bienheureux pouvait y trouver les deux ou trois heures de sommeil qu'il accordait, à regret, à son corps exténué.

Au pied du lit, un escabeau où sont posées une paire de chaussures informes et une cruche en terre vernissée.

L'âtre est une ruine : il contient quelques cendres, une pelle et des pincettes rongées de rouille, un soufflet asthmatique au bout ébréché. D'ailleurs, il ne s'y faisait guère de feu.

Sur le manteau de la cheminée, un chandelier noirci en fer battu, un pot en faïence bleue dont l'anse est cassée, la lanterne aux vitres fendues que le Bienheureux allumait lorsqu'il se levait, dès minuit, pour gagner sa chère église.

Comme meubles : trois bahuts vermoulus, piqués des vers et dont les tiroirs démantibulés glissent avec peine. L'un d'eux contient un vieux cuir à rasoir et un plat à barbe ébréché. Cinq chaises dépaillées, branlantes et si peu solides qu'on hésite à s'y asseoir. Une petite table carrée en assez mauvais état. Elle supporte un pot minuscule en terre brune, une écuelle à deux anses semblable à celles dont se servent les

Trappistes, une cuiller en étain ; c'est là toute la vaisselle du Bienheureux. Sur quelques rayons de bibliothèque en sapin s'alignent des livres de théologie poudreux. Aux murs sont accrochées une douzaine d'images de sainteté de l'ordre le plus vulgaire et sans aucune valeur d'art. Mais, comme l'a dit quelqu'un, « les chromos les plus gauches suffisent très bien à faire pleurer et prier un Saint ».

Celles du curé d'Ars représentent : sainte Madeleine en sa grotte de la Sainte-Baume, saint François Régis, saint Vincent de Paul, sainte Philomène, saint François d'Assise. Toutes ont leur signification précise. Il invoquait sainte Madeleine lorsqu'il avait à purifier les pécheresses qui affluaient à son confessionnal. L'effigie de saint François Régis lui rappelait le pèlerinage à pied qu'il fit dans sa jeunesse, et en mendiant, au tombeau de ce modèle d'apostolat. Il y obtint la grâce de continuer ses études, alors très entravées. Saint Vincent de Paul l'assista pour la fondation de cette maison de la Providence où il recueillait de jeunes pauvresses. Sainte Philomène, la martyre adolescente qu'il appelait sa « chère petite Sainte », ne lui refusait aucun miracle. Tertiaire de saint François, il vénérait dans le Pauvre d'Assise, dans le stigmatisé du Mont Alverne, le plus séraphique amoureux de Jésus qui ait passé sur la terre.

Une image en couleur représentant le Christ sauveur du monde porte deux inscriptions tracées d'une écriture maladroite et que, pour ma part, je trouve fort touchantes ; à gauche : *Reconnaissance à Jésus et à Marie. J'ai prié et j'ai été exocé* (sic), *Thérèse Novel, Ars, 16 fevvrier* (sic) *1857.* A droite : *Je suis venu* (sic) *depuis Paris et j'ai optenu* (sic) *une grâce.*

Quelque souvenir s'attachait, sans doute, pour le Bienheureux, à cet ex-voto. Ce n'est pas sans raison qu'il le garda dans sa chambre au lieu de le placer à l'église parmi tant d'autres. Il serait intéressant de rechercher qui était cette Thérèse Novel et quelle grâce elle reçut.

Au mur encore, un cadre vitré contenant un grand nombre de reliques. A la tête du lit, un bénitier en verre des plus communs. Au-dessus de la cheminée, la petite glace encadrée de bois blanc dont il se servait pour se raser. Le tain s'en va. Sur un des bahuts et sous globes, une statuette de saint Jean-Baptiste, patron du Bienheureux, une réduction de la châsse de sainte Philomène, une Assomption en faïence coloriée par un pinceau barbare. Près de la fenêtre sont suspendus quelques calendriers jaunis, dont le plus récent porte la date de 1855.

La chambre ne contient absolument rien d'autre. Mais quel recueillement on y goûte ! Comme on s'y sent pénétré, autant que près de la châsse, d'un calme souverain. Ici l'âme se tourne doucement vers Dieu. On prie avec simplicité, avec une parfaite confiance. Le Surnaturel s'insinue en vous comme une onde rafraîchissante. Avant d'entrer, l'on était la terre sans routes et sans eau du Psalmiste. Maintenant on est un champ d'anémones que vivifie la pluie printanière de la grâce et où Notre-Seigneur trace le sentier qui mène au ciel. Le siècle peut mugir et soulever ses vagues de ténèbres alentour. Au pied de ce presbytère, il rencontre une limite qu'il ne dépassera pas. Et c'est l'une des grâces que Dieu accorde par l'entremise du bienheureux Vianney : la paix radieuse promise aux cœurs de bonne volonté...

On trouvera peut-être bien minutieux l'inventaire que je viens de dresser. Ah ! qu'on aurait tort de ne pas s'en émouvoir. Cette rouille, cette vétusté, ce sang sur les draps, cette misère parlent très haut à qui sait les entendre. Entre

Le Bienheureux Curé d'Ars en prière dans sa chambre

ces murs rayonna une âme embrasée de charité. Satellite fervent du Soleil de justice, elle traçait son orbe entre ces deux pôles de la vie chrétienne : la pénitence et l'oraison. Son temps, comme le nôtre, barbotait dans des flaques d'or liquide et dans les fanges du matérialisme. Que pouvait faire à cela le pauvre petit curé d'une paroisse perdue de la Bresse ? Il souffrit, il pria, il aima, il fit violence au ciel comme Jésus nous le recommande. Et les foules accoururent pour se repentir, pour communier, pour chanter désormais *alleluia* dans l'assemblée des fidèles.

CHAPITRE V

Le curé d'Ars était d'une taille au-dessous de la moyenne. Jeune, il eut une complexion robuste. Selon l'ordre naturel, cette vigueur aurait dû s'abolir par l'outrance de ses macérations. Or, il arriva que, quoique son corps se fût émacié d'une façon presque incroyable, ni la privation de sommeil, ni les cilices poignardants, ni le régime alimentaire que j'ai décrit n'entravèrent le jeu de ses organes, ni ne rompirent l'équilibre de ses facultés.

Bien plus, jusqu'à la fin, l'ouïe garda sa finesse, la vue, sa netteté, la démarche cette aisance qui stupéfiait chez un vieillard dont tant de travaux épuisants auraient dû tarir la sève vitale.

La tête, qu'encadraient les boucles d'une chevelure blanche de bonne heure, était d'un modelé fortement accusé : des arcades sourcilières proéminentes, des pommettes en saillie, un nez osseux, une grande bouche en coup de sabre, un menton en relief, le teint d'un ton de cire jaunâtre avec, parfois, un peu de rougeur aux joues.

Avez-vous vu le masque de Voltaire ? Il s'apparente, presque trait pour trait, à la figure du Bienheureux.

Cependant, il y a une différence. Chez le grand menteur de Ferney, l'expression est sarcastique ; l'habitude du persiflage et du blasphème, des calculs bas et de la duplicité donne à la physionomie quelque chose de répulsif. La malice pointue du regard indique une âme qui ne cessa de s'aiguiser sur les meules du rémouleur d'En-Bas.

Chez Vianney, au contraire, l'influx perpétuel de la Grâce enveloppe ce visage anguleux de majesté douce, de bienveillance et de mansuétude. Quant à son regard — c'est un prodige.

« On aurait dit du feu dans des larmes, » rapportent tous ses familiers.

Flamme incisive, au confessionnal, il pénéait, il éclairait les replis les plus cachés, les [o]mbres les plus opaques des consciences.

A l'autel, en chaire, une calme lueur bleue [é]manait de ces prunelles d'une transparence [i]nouïe. L'âme, unie à Dieu autant qu'il est [p]ossible et qui ne pouvait plus pécher mor[t]ellement, en jaillissait pareille à un fleuve de [l]umière et emportait les cœurs des assistants [v]ers l'océan de l'Amour.

Les témoignages surabondent sur la puis[s]ance de ce regard. Tels qui étaient venus en [c]urieux, en sceptiques gonflés de quolibets, se [s]entaient retournés de fond en comble dès que [l]es yeux du Voyant s'arrêtaient sur eux. Ils [a]vaient beau se raidir, esquisser maintes déro[b]ades, il fallait tomber à genoux, prier, se re[s]entir, apporter son âme à la lessive.

Pour la transfiguration du curé d'Ars dans [l]'extase — par exemple, lorsqu'il faisait son [a]ction de grâces après la messe — elle est indes[c]riptible. Il y a là un mélange d'adoration, de [g]ratitude et de surprise qu'on ne peut rendre. [E]n outre, et à la lettre, la clarté du Thabor [t]ranssudait de tout son être.

La statue de Cabuchet, qui le montre à l'apogée du ravissement, réussit, néanmoins, à en donner une idée approximative. C'est une belle œuvre et je tiens d'autant plus à la signaler qu'elle est la seule, à ma connaissance, qui représente avec fidélité le Bienheureux. On s'étonne de ne pas la voir sur un des autels de la Basilique. On s'étonne encore bien davantage de ne pas en trouver de reproductions dans les magasins d'objets de piété.

Par contre, on y découvre, à foison, de ces effigies désolantes, sculptées dans du saindoux par des charcutiers sentimentaux, peinturlurées par des Pahouins tardivement convertis.

Quand on considère ces collections de tératologies pieusardes, on applaudit tant qu'on peut aux colères d'Huysmans. On rêve la fondation d'un ordre d'iconoclastes chrétiens qui, armés de matraques inexorables, envahiraient les ateliers — Juifs pour la plupart — où se perpètrent ces épouvantails. Ils y mettraient en poudre les Sacrés-Cœurs pour étalages de confiseurs, les Vierges pour devantures de merlans, les Jeannes d'Arc ahuries, les saints Antoine de Padoue laxatifs, les curés d'Ars papelards, toutes les figurines du Guignol sacrilège que ces industriels, haletant vers le lucre, installèrent au parvis du Temple.

en donner une idée approximative. C'est une belle œuvre et je tiens d'autant plus à la signaler qu'elle est la seule, à ma connaissance, qui représente avec fidélité le Bienheureux. On s'étonne de ne pas la voir sur un des autels de la Basilique. On s'étonne encore bien davantage de ne pas en trouver de reproductions dans les magasins d'objets de piété.

Par contre, on y découvre, à foison, de ces effigies désolantes, sculptées dans du saindoux par des charcutiers sentimentaux, peinturlurées par des Pahouins tardivement convertis.

Quand on considère ces collections de tératologies pieusardes, on applaudit tant qu'on peut aux colères d'Huysmans. On rêve la fondation d'un ordre d'iconoclastes chrétiens qui, armés de matraques inexorables, envahiraient les ateliers — Juifs pour la plupart — où se perpètrent ces épouvantails. Ils y mettraient en poudre les Sacrés-Cœurs pour étalages de confiseurs, les Vierges pour devantures de merlans, les Jeannes d'Arc ahuries, les saints Antoine de Padoue laxatifs, les curés d'Ars papelards, toutes les figurines du Guignol sacrilège que ces industriels, haletant vers le lucre, installèrent au parvis du Temple.

La Basilique et l'ancienne Église d'ARS (Ain)

Et ce serait justice !

Au surplus, si — ce qui n'est pas démontré — notre temps se juge incapable d'un effort d'art catholique réagissant contre ces horreurs, pourquoi ne pas reproduire les modèles anciens ? Il vaudrait beaucoup mieux s'y reporter que de multiplier, comme on le fait, les produits d'une *bondieuserie* à faire tomber en syncope quiconque possède un peu le sens de la beauté.

Ces statues sont des *outrages* à Dieu, à sa Mère, à ses Saints. Les catholiques contemporains, et particulièrement le clergé, finiront-ils par le comprendre ?

CHAPITRE VI

La personne morale du curé d'Ars rassemble, à un degré transcendant, toutes les qualités qui font le prêtre parfait. Mais son apostolat s'affirma surtout par son action comme confesseur et comme prédicateur.

Thaumaturge, des maladies corporelles furent guéries par son intercession ; toutefois, sa caractéristique la plus frappante réside en ceci qu'il fut essentiellement un médecin des âmes.

Elles venaient à lui toutes couvertes de lèpre, toutes bossues, toutes bancales, toutes suintantes des humeurs suscitées en elles par des prévarications multiples. Lui les purifiait, les redressait, asséchait leurs ulcères. Puis il les passait au feu du Saint-Esprit et les renvoyait dans le monde, capables désormais de plaire à Dieu.

Pour exercer ce pouvoir fût-il servi par ses dons naturels ? Nullement : au séminaire, s'il marqua par sa piété, il fut loin de se montrer un brillant élève. Il apprenait avec peine, retenait difficilement, se troublait lorsqu'il lui fallait parler en public. Ce fut au point que passant son examen de théologie, il ne put que balbutier ; de sorte que les examinateurs se demandaient s'ils devaient l'admettre à l'ordination.

Pourtant comme ses supérieurs étaient unanimes à louer son humilité, sa ferveur, son exactitude, sa dévotion à la Vierge et au Saint-Sacrement, le grand vicaire Courbon, éclairé de Dieu, pressentit qu'on ne courait point de risque en lui conférant la prêtrise : — Je le reçois, dit-il, la grâce divine fera le reste.

Elle le fit. — Et comment mérita-t-il d'acquérir cette éloquence qui ressuscitait les cœurs, ce savoir infus qui lui facilitait la solution des cas de conscience les plus embrouillés ?

Par la prière et par l'amour.

Un prêtre, que les railleries dont certains

lardaient sa soi-disant ignorance, voire sa « bêtise », disposaient mal à lui rendre justice, vint l'étudier. La force lumineuse du prône que le Bienheureux prononçait en chaire, l'ébahit, culbuta toutes ses préventions.

— Monsieur le curé, lui demanda-t-il, l'office terminé, où donc avez-vous fait votre théologie ?

— Là, répondit le Bienheureux, en lui désignant son prie-Dieu.

Ce monosyllabe, ce geste résument les vertus génératrices de sa maîtrise dans le traitement des maladies spirituelles.

Lorsqu'il vint en Ars pour la première fois, après sa nomination comme curé de ce village, le sentiment de son insuffisance l'accabla. Plein de cette sublime humilité des Saints, qui leur vaut les plus hautes faveurs, il se voyait comme un pur néant et il s'interrogeait avec angoisse, ne sachant par quel bout entamer la conversion de cette paroisse tenue pour une des plus tièdes du diocèse.

— Par moi-même, je ne puis rien, se dit-il, mais Dieu peut tout. Je l'aime tant, je vais tellement le prier, m'offrir si fort en holocauste pour ces pauvres égarés, qu'Il m'entendra, qu'Il fera servir ma gaucherie à sa gloire.

Dès lors, la prière, qui tenait déjà une place capitale dans son existence, occupa tous ces instants, le jour, la nuit, à la sacristie, dans sa chambre, dans la campagne — partout.

Ce n'était pas un marmottement presque machinal, une enfilade de mots liturgiques cent fois répétés. C'était un élan d'amour et de confiance qui, corroboré par la pénitence pour les péchés d'autrui, perçait les nues et atteignait Dieu.

Résultat : la paroisse, d'abord, se convertit tout entière. Puis les foules, peu à peu accoururent, du diocèse, de la France, de l'Europe. Qui les appelait ? Personne. Un aimant mystérieux, sans l'ombre de publicité, les attirait vers ce prêtre chétif dont l'emprise stupéfiait tels de ses collègues qui, truffés de rubriques, bourrés de formules, mais froids de cœur, se dépitaient à constater avec quelle aisance ce simple cueillait des âmes jugées par eux inaccessibles.

Comme le dit fort bien son biographe, l'abbé Monnin, de par le Bienheureux, « *la grâce était si forte qu'elle allait chercher les pécheurs.* Et voilà en quelques mots l'origine du pèlerinage d'Ars ».

Église de M. Vianney, Curé d'Ars de 1818 à 1859

qu'Il fera servir ma gaucherie à sa gloire.

Dès lors, la prière, qui tenait déjà une place capitale dans son existence, occupa tous ces instants, le jour, la nuit, à la sacristie, dans sa chambre, dans la campagne — partout.

Ce n'était pas un marmottement presque machinal, une enfilade de mots liturgiques cent fois répétés. C'était un élan d'amour et de confiance qui, corroboré par la pénitence pour les péchés d'autrui, perçait les nues et atteignait Dieu.

Résultat : la paroisse, d'abord, se convertit tout entière. Puis les foules, peu à peu accoururent, du diocèse, de la France, de l'Europe. Qui les appelait? Personne. Un aimant mystérieux, sans l'ombre de publicité, les attirait vers ce prêtre chétif dont l'emprise stupéfiait tels de ses collègues qui, truffés de rubriques, bourrés de formules, mais froids de cœur, se dépitaient à constater avec quelle aisance ce simple cueillait des âmes jugées par eux inaccessibles.

Comme le dit fort bien son biographe, l'abbé Monnin, de par le Bienheureux, « *la grâce était si forte qu'elle allait chercher les pécheurs. Et voilà en quelques mots l'origine du pèlerinage d'Ars*».

Verne, phot., Ars (Ain). — Église de M. Vianney, Curé d'Ars de 1818 à 1859

Priant de la sorte, il parvint aux états d'oraison de l'ordre le plus élevé. Il reçut, entre autres, cette faveur bien connue des mystiques : le sentiment habituel de la présence de Dieu.

Voici ce que rapporte, à ce propos, le chanoine Convert (1) : « L'union du curé d'Ars avec Dieu lui avait, pour ainsi dire, rendu sensibles et palpables les vérités révélées. Ce que nous percevons de loin, vaguement, confusément, à travers une image, dans une énigme, il le voyait en soi, d'un regard fixe et direct.

« Nous n'avons, disait-il, qu'une foi éloignée de trois cents lieues de son objet, comme si le Bon Dieu était de l'autre côté des mers. Si nous avions une foi vive, pénétrante, comme les saints, nous verrions, comme eux Notre-Seigneur. *Il y a des prêtres qui le voient tous les jours à la messe.*

« N'est-ce point de lui que le Bienheureux disait cette parole? On peut le penser surtout si l'on se souvient des faits suivants.

« Un jour qu'il paraissait tout triste, les Di-

---

(1) Dans les *Méditations eucharistiques d'après le curé d'Ars*, excellent petit volume.

rectrices de la Providence s'informèrent des motifs de sa tristesse. Il répondit : — Je n'ai pas vu Notre-Seigneur depuis plusieurs jours... — Vous le voyez donc, répliquèrent-elles. Mais il détourna la conversation.

« Il prenait, un autre jour, sa réfection debout, dans une salle de la Providence. Se croyant seul il dit, avec un long soupir : — Je n'ai pas vu le Bon Dieu depuis dimanche ! Il fut entendu de Marie Chanay qui, s'approchant, lui demanda s'il l'avait vu auparavant. Il se tut. »

C'est là une des plus dures épreuves réservées aux privilégiés de la Grâce sensible. Dieu se tenait là tout près — soudain, il s'éclipse afin qu'ils mesurent combien laissés à leur propre force, ils sont peu de chose. C'est aussi, sans doute, pour stimuler leur amour par l'absence. Alors ils entrent dans une agonie de tristesse qui, toutes proportions gardées, reproduit *presque* celle de Jésus au jardin des Olives. Mais le fait que Dieu se cache pour un temps ne les mène pas au désespoir. Ils s'accommodent de la foi toute nue dans les ténèbres ; comme un de leurs mobiles principaux, c'est la conformité à la volonté divine, ils redoublent d'abnégation et par l'effort de leur vertu ils méritent que Notre-Seigneur revienne bientôt leur dire tout bas : Je suis là...

Dans les dernières années de sa vie, le Curé d'Ars ne cessa plus de jouir de la présence de Dieu en lui, ou auprès de lui. Ainsi s'explique ce don d'intuition toujours plus développé, qui lui faisait révéler leur état d'âme à ses pénitents, même à des passants, avant qu'ils eussent commencé d'exposer leurs misères.

Gratifié de l'union avec Dieu, arrivé, par l'effusion héroïque de sa foi, aux sommets culminants de l'oraison, le Bienheureux manifesta, au maximum, cet autre don mystique : l'amour, c'est-à-dire la grande charité qui prend sa source dans le cœur de Jésus pour se répandre, par le canal des Saints, sur tous les hommes.

Qu'on se rappelle les monitions si péremptoires de saint Paul : *Quand je parlerais les langues des hommes et des anges, si je n'ai pas la charité, je suis un airain sonnant ou une cymbale retentissante. Et quand j'aurais le don de prophétie, que je connaîtrais tous les mystères et toute la science, si je n'ai pas la charité, je ne suis rien. Et quand je distribuerais tout mon bien, pour la nourriture des pauvres, que je li-*

vrerais mon corps pour être brûlé, si je n'ai pas la charité, cela ne me sert de rien.

C'était cette charité qui tenait le Curé d'Ars, fou d'amour pour Dieu, de longues heures à genoux devant le Saint-Sacrement. C'était elle qui, puisée au tabernacle, débordait de son âme, enveloppait les orphelins et les pauvresses, ravigourait les malades, nettoyait, réparait, transformait les stropiats du péché mortel. Cela parce que l'Amour, qui est Jésus, habitait en lui, rayonnait dans ses regards, fluait de ses doigts, parlait par sa bouche...

Je viens d'écrire deux fois le mot *mystique* Or, je sais que pour beaucoup de personnes — toutes ne sont pas des laïques — il signifie à peu près un... toqué. Afin de leur démontrer leur erreur, je me bornerai à leur offrir une citation et une définition.

Dans ce livre remarquable *Psychologie des Saints*, M. Henri Joly, qui ne passe point pour un exalté, dit fort exactement : « Si tous les mystiques ne sont pas des Saints, tous les Saints sont des mystiques. »

Développant à merveille cette proposition, il explique, d'après saint François de Sales, Gerson et pas mal d'autres autorités, que la Mystique c'est : *l'amour de Dieu.*

Spécifions que si, par la raison, l'on arrive à concevoir Dieu, on n'arrive à l'aimer que par le cœur. Et c'est justement parce que Dieu doue les mystiques d'un cœur susceptible de se dilater à l'infini qu'ils parviennent à le connaître par l'amour. Ainsi plusieurs Saints, ainsi sainte Térèse, ainsi le Curé d'Ars peu favorisé au point de vue des facultés spéculatives, comblé des dons gratuits de la charité comme contemplatif et, à la fois, comme prêtre d'action.

Donc quand on prononce, d'une lèvre dédaigneuse, la sentence suivante : — Cet homme n'est pas sérieux, étant un mystique, c'est absolument comme si l'on disait : — Cet homme n'est pas sérieux parce qu'il aime trop le Bon Dieu.

Ah ! je n'ignore pas combien, de notre temps, trop d'âmes se sentent mal à l'aise dans cette région brûlante de l'amour divin. Ils réclament une religionnette tout anodine, toute en pratiques peu astreignantes, facile à suivre même en voyage. Aimer Dieu, cela les empêcherait peut-être de faire des affaires, de vaquer à l'engraissement du sacro-saint porte-monnaie.

— Allons, allons, disent-ils, tout cela, c'est de la mystique et nous autres, nous sommes des gens positifs, chrétiens si l'on veut, mais pratiques avant tout... Or, ce bon Curé d'Ars n'était pas assez naturel...

Non, en effet, il se contentait, aimant Dieu, d'être surnaturel. C'est pourquoi il existe encore quelques pauvres d'esprit qui l'admirent et qui voudraient bien lui ressembler...

Église d'ARS (Ain). — Peinture de la Chapelle de la Glorification, par M. Borel, de Lyon

Le Bienheureux Curé d'Ars avait quatre ans quand il disparut un jour sans qu'on put savoir ce qu'il était devenu. Sa mère le chercha longtemps. A la fin, elle l'aperçut à genoux, blotti dans un coin de l'étable et priant avec ferveur la Sainte Vierge.

CHAPITRE VII

L'éloquence du curé d'Ars ? Le témoignage de ses auditeurs nous apprend combien elle fut pénétrante. Nous en trouvons aussi l'écho dans les écrits de ceux qui notèrent maints passages caractéristiques de ses catéchismes et de ses prônes.

Transporté sur le papier, le verbe d'un orateur perd, presque toujours, quelque chose de sa puissance. Il y manque l'attitude, le geste, le regard, les inflexions persuasives de la voix. Néanmoins, la parole du Bienheureux est une lave si imprégnée d'amour divin que, même lue, elle ne se refroidit guère et qu'elle peut encore liquéfier les cœurs.

Chez lui, point d'apprêt excessif, point de phrases empesées à l'amidon de séminaire, point de ces métaphores nigaudes qui fuient le mot propre comme s'il portait le choléra. Soit qu'il commente l'Evangile soit qu'il expose un Mystère, soit qu'il développe un article du *Pater*, il entre dans son sujet d'une façon droite, nette et qui éveille tout de suite l'attention. Les mots volent et percent et brûlent comme des flèches de flamme. Pourtant le ton demeure sans cesse aussi simple que vigoureusement familier. Ah ! le bon vin rustique après tant de fades laitages qu'il nous fallut avaler ailleurs ! La pensée emprunte à la vie quotidienne les comparaisons les plus réalistes ; elle s'y enracine, elle s'y fortifie, puis elle s'épanouit au soleil de la Grâce comme un champ de coquelicots par un beau jour d'été.

Je citerai quelques exemples.

Ceci sur l'enfer : *Les damnés seront enveloppés dans la colère de Dieu comme le poisson dans l'eau.*

Ceci sur la mort : *En mourant nous faisons une restitution ; nous rendons à la terre ce qu'elle nous a donné : une petite pincée de poussière grosse comme une noix. Il y a bien de quoi être fier !*

Ceci sur la résurrection : *Quel cri de joie quand*

l'âme viendra s'unir à son corps glorifié : elle se roulera dans le baume de l'amour comme l'abeille se roule dans les fleurs.

Cette définition du chrétien : *Le bon chrétien ne fait pas de cas des biens de la terre ; il s'en sauve comme un rat qui sort de l'eau.*

L'action du Paraclet sur les âmes : *Voilà un fusil, bon ! Vous le chargez, mais il faut quelqu'un pour y mettre le feu et pour qu'il parte. De même il y a en nous de quoi faire le bien. C'est le Saint-Esprit qui met le feu et les bonnes œuvres partent.*

Ceci sur la dévotion à la Vierge : *Je pense qu'à la fin du monde, la Sainte Vierge sera bien tranquille. Mais tant que le monde dure, on la tire de tous les côtés. Elle est comme une mère qui a beaucoup d'enfants et elle va de l'un à l'autre.*

Sur la communion bien faite : *Une communion fait à l'âme comme un coup de soufflet à un feu qui commence à s'éteindre, mais où il y a encore beaucoup de braise : on souffle et le foyer se rallume.*

Sur le prêtre : *Lorsque la cloche vous appelle à l'église, si l'on vous demandait : Où allez-vous ? Vous pourriez répondre : je vais nourrir mon âme. Si l'on vous demandait en vous montrant le tabernacle : qu'est-ce que c'est que cette porte dorée ? Vous pourriez répondre : C'est le garde-manger de mon âme. Quel est celui qui en a la clef, qui fait les provisions, qui apprête le festin, qui sert à table ? — C'est le prêtre...*

C'est par des phrases de ce genre et, du reste, par tous ses discours, à la fois familiers d'expression, surélevés en doctrine, que le Curé d'Ars opéra tant de conversions. Non seulement il réforma les paysans de sa paroisse, mais il retourna, comme des gants, force gens du monde venus pour l'entendre ; certains avec piété, certes, mais d'autres, par simple badauderie ou, même, avec l'arrière-pensée de se moquer de lui. Et, outre les mondains, il attira dans son filet des ministres protestants, qui prenaient le lumignon de leur orgueil pour la lumière de Dieu et des savants qui, encombrés d'un bric-à-brac de théories décevantes, croyaient traîner après eux tout un arsenal de certitudes matérialistes.

Et comment Vianney opérait-il ces miracles aussi émouvants que des guérisons de paralytiques ou de tuberculeux ?

En touchant les cœurs.

Il savait que là se forme le bloc de glace qu'il s'agit de fondre. Il y dardait le jet de feu de sa parole — et les cœurs congelés entraient en fusion.

Tel doit être le prédicateur. Sinon que sera-t-il?

La cymbale retentissante de saint Paul..!

En écrivant les lignes qui précèdent, je ne pouvais m'empêcher de me remémorer tant de sermons, tant de prônes auxquels je vins tout affamé d'entendre la parole de vie et d'où je m'en retournai sans avoir reçu autre chose que... du vent.

En général, le clergé n'aime pas beaucoup que les fidèles lui fassent quelques observations touchant la manière dont il cultive leurs âmes. Pour un prêtre qui accueille un avis discret et charitable avec la déférence qu'il lui doit et qui même n'hésite pas à le provoquer, vous en trouverez dix qui, dès qu'on formule l'ombre d'un simulacre de critique sur tel détail de leur ministère, se renfrognent et se cabrent. L'orgueil sacerdotal, tel que me le signalait un canoniste éminent, ne veut rien entendre.

Or, justement parce que j'aime et que j'estime le clergé de France, parce que je sais combien ses qualités l'emportent sur ses défauts, je voudrais lui soumettre, en toute simplicité, quelques remarques sur la manière dont, trop souvent, il pratique la prédication.

Pour ce faire, et aussi pour démontrer que le mal n'est pas nouveau, je m'appuierai sur Louis Veuillot.

Il y a quelque cinquante ans, celui-ci signalait déjà l'insuffisance de la prédication. Je le citerai assez longuement, car je ne saurais mieux dire et, d'autre part, les défauts dont il se plaignait demeurent très actuels.

Veuillot écrit donc : « Le prédicateur est en chaire ; je suis là pour l'écouter, j'y suis en présence de Dieu à qui j'ai demandé d'éclairer mon intelligence et de toucher mon cœur, afin de les tenir en attention et en respect. Il débute par un texte de l'Ecriture : c'est la parole de Dieu même. Il expose le sujet dont il va m'entretenir : c'est un point de doctrine qui intéresse à la fois ma raison et ma conduite, ma vie présente et future. Il m'ordonne de prier la Sainte Vierge pour lui et pour moi, et je le fais avec zèle. Quelle disposition meilleure ?

« Cependant il n'a pas parlé dix minutes que,

déjà, je n'y suis plus. Il se perd dans des considérations philosophiques ou puériles ou obscures ; il fait des dissertations historiques ; il se jette à droite, à gauche, entassant les lieux communs de morale et de littérature. Son style est sans gravité, sans naturel. Quelquefois, je m'aperçois qu'il a lu des ouvrages modernes et qu'ils lui ont plu ou qu'il a lu des ouvrages anciens dont il n'a retenu que ce qui convient le moins à nos jours. Je ne sais où il va — et je l'abandonne.

« J'avais d'abord voulu mettre mon mécontentement sur ce peu de lecture et de littérature que j'ai moi-même. Je m'accusais de ne pouvoir écouter avec simplicité. Mais j'ai vu d'humbles femmes, des jeunes filles pieuses, et qui n'ont jamais ouvert que leur paroissien et leur catéchisme, aussi choquées que moi.

« Je me suis trouvé assis à côté de ces femmes aux prônes de mon curé et de ses vicaires, familières instructions, sans art, sans phrases, sans efforts, négligées souvent, où le premier mot venu est bon, où la construction est parfois barbare ; et j'en fus aussi édifié que ceux qui écoutaient. J'en ai rapporté je ne sais quoi de fort et de sincère, qui m'a occupé tout le jour, souvent plus longtemps. Je ne suis donc pas si pointilleux.

« Non, je repousse un discours qui reste étranger à mon cœur, étranger à mes besoins...

« Il faudrait nous faire le catéchisme, nous prêcher l'amour de l'Eglise, le devoir de bien connaître la religion, le devoir de la défendre. Nous avons besoin d'être mis en défense surtout contre la tiédeur...

« Voulez-vous prêcher utilement ? Evitez trois choses : l'obscurité, l'emphase et le rigorisme. En tout temps les hommes ont été pris par le cœur plus que par l'esprit. Ils sentent plus le besoin d'aimer et d'agir que celui de voir. Saisissez ces mains incertaines : un infaillible instinct, quelque chose que j'appellerai le tact de la vérité les assurera tout d'abord qu'elles tiennent enfin le fil. La lumière ensuite viendra... (1). »

Qu'ajouter à ces avertissements qui constituent le bon sens même ?

Aucune dissertation, mais deux souvenirs.

(1) Louis VEUILLOT, Les Libres-Penseurs. Livre VII : *Le Public*.

Voici quatre ans, je me trouvais dans un village de Seine-et-Marne dont le curé — fort aimé de ses paroissiens — est un prêtre intelligent, zélé, dur à lui-même, doux aux autres. Un dimanche, à la grand'messe, il monta en chaire et lut l'Evangile du jour. C'était l'adorable parabole du festin au 14e chapitre de saint Luc. J'écoutais avec ravissement et je me disais : — Pour sûr que ce cher curé, tel que je le connais, va nous développer, avec flamme, ce texte si rempli d'enseignements.

Et je m'apprêtais à m'instruire de tout mon cœur.

Or, voici que le curé prit une paperasse imprimée et se mit à nous lire une lourde, morne et pâteuse homélie où la parole sainte se diluait sous une petite pluie tenace de lieux communs grisâtres.

Résultat : l'auditoire n'y était plus. Des femmes s'agitaient sur leur chaise, retenaient avec peine des bâillements, ouvraient et refermaient nerveusement leurs paroissiens, bref s'ennuyaient d'une façon prodigieuse. Au fond de l'église, des enfants commencèrent d'échanger des tapes et des grimaces. A côté de moi, un fermier rougeaud s'endormit carrément. Il esquissait même déjà un vague ronflement, quand je lui envoyai un coup de coude qui le réveilla un peu.

Pour moi, je ne pouvais fixer mon attention sur cet insipide radotage. Ma pensée fuyait de tous les côtés et, je l'avoue, je n'essayais pas de la retenir... Enfin l'averse cessa et il y eut alors un soupir unanime de délivrance. Le *Credo* chanté en chœur acheva de dissiper notre engourdissement.

Après la messe, je ne pus m'empêcher de dire au Curé : — Mais au nom du ciel, pourquoi nous avez-vous infligé ce supplice ? Pourquoi ne pas commenter, vous-même, cet admirable Évangile ? Vous nous auriez certes dit des choses qui nous auraient touchés autrement que les plates balivernes dont vous vous fîtes, je me demande pourquoi, le lecteur.

— Ah ! me répondit-il, avec une humilité charmante, mais pourtant fort exagérée, c'est que je n'ai pas d'éloquence.

— Vous en avez plus que vous ne le pensez, repris-je, vous n'aviez qu'à nous parler comme vous le faites au chevet des malades ou au confessionnal et je vous certifie que nous n'aurions pas dormi...

Chapelle où repose le Corps du Bienheureux Curé d'Ars.

esquissait même déjà un vague ronflement, quand je lui envoyai un coup de coude qui le réveilla un peu.

Pour moi, je ne pouvais fixer mon attention sur cet insipide radotage. Ma pensée fuyait de tous les côtés et, je l'avoue, je n'essayais pas de la retenir... Enfin l'averse cessa et il y eut alors un soupir unanime de délivrance. Le *Credo* chanté en chœur acheva de dissiper notre engourdissement.

Après la messe, je ne pus m'empêcher de dire au Curé : — Mais au nom du ciel, pourquoi nous avez-vous infligé ce supplice ? Pourquoi ne pas commenter, vous-même, cet admirable Evangile ? Vous nous auriez certes dit des choses qui nous auraient touchés autrement que les plates balivernes dont vous vous fîtes, je me demande pourquoi, le lecteur.

— Ah ! me répondit-il, avec une humilité charmante, mais pourtant fort exagérée, c'est que je n'ai pas d'éloquence.

— Vous en avez plus que vous ne le pensez, repris-je, vous n'aviez qu'à nous parler comme vous le faites au chevet des malades ou au confessionnal et je vous certifie que nous n'aurions pas dormi...

Chapelle où repose le Corps du Bienheureux Curé d'Ars

Ici, c'était la méfiance de soi-même qui paralysait ce bon curé. Mais que dire alors des prédicateurs qui, après avoir lu l'Evangile du jour, le laissent de côté pour nous servir quelques morceaux d'apparat où les fleurs en papier d'une rhétorique surannée tourbillonnent parmi le fracas des périodes creuses ? C'est ce à quoi j'assistai dans un petit village de la Dordogne dont le curé avait invité un prédicateur à venir prêcher pour la première communion.

Vous vous figurez, peut-être, que cet auteur insolite s'adressa au cœur des enfants qui l'écoutaient, qu'il s'efforça de leur faire saisir la suave grandeur du mystère d'Amour auquel ils allaient prendre part.

Point du tout. Savez-vous de quoi il parla ?

Il leur fit le panégyrique de Léon XIII.

Et avec quel organe redondant, tonitruant, emphatique, avec quel flux intarissable de phrases culbutées les unes sur les autres, sans points ni virgules !

De ce coup, l'assistance ne dormait pas. Tous, les yeux écarquillés, contemplaient avec stupeur cette bouche qui, semblait-il, ne tarirait jamais plus. L'état d'esprit général était celui-ci : — Bon Dieu, est-il possible qu'un homme puisse crier si longtemps et si fort sans se fatiguer !

A la sortie, je demandai à une vieille femme ce qu'elle pensait de ce sermon.

— Ah ! c'était bien beau, dit-elle, et c'est que ce monsieur, il n'avait pas l'air lassé du tout.

— Mais avez-vous retenu quelque chose de ce qu'il a dit ?

— Non, ma foi, mais c'était bien beau...

Réfléchissant à cette façon de comprendre la prédication, je me remémorai un passage de Dante où cette façon de prêcher est réprouvée. C'est au chant XXIX du *Paradis* : Béatrice vient d'instruire le grand Florentin sur la substance des Anges. Puis, par une transition brusque, elle en vient à ce qui se passe sur la terre et lui dit :

Vous ne gardez là-bas aucun sentier en philosophant, tant vous importait l'amour de l'apparence et ses chimères.

Toutefois, cette conduite est regardée d'en-haut avec moins de rigueur que quand on rejette l'Ecriture sainte ou qu'on la torture.

On ne songe pas chez vous combien il en a coûté de sang pour la semer dans le monde et combien plaît celui-là qui chemine avec elle humblement.

Or, pour paraître chacun s'ingénie et fait des inventions : tels sont les textes des prédicateurs — et l'Evangile se tait...

Florence n'a pas tant de gens portant le même nom qu'en une année il se débite de fadaises en chaire de côté et d'autre.

Aussi les pauvres brebis s'en reviennent du pâturage gonflées de vert et dans l'ignorance d'un malheur qu'elles ne comprennent pas.

Mais le Christ n'a point dit à ses premiers disciples : — Allez et prêchez au monde des sornettes. Il leur donna sa vérité pour texte.

Et elle résonna si fort dans leur bouche que, dans leurs combats, pour allumer la foi, ils firent de l'Evangile des boucliers et des lances.

Par sa parole le curé d'Ars allumait la foi dans les âmes. Il les armait de cette lance d'or : l'amour de Dieu et de ce bouclier en diamant : l'amour de l'Eglise :

Prions pour que beaucoup de prédicateurs suivent son exemple.

CHAPITRE VIII

> Mon ami, tu sens mauvais : va te nettoyer !
> Saint Joseph de Cupertino.

Lorsque de la vieille église on gagne la sacristie par un couloir obscur, on trouve à gauche, près de la porte d'entrée, le confessionnal du Bienheureux.

C'est une sorte de fauteuil en bois vermoulu, noirci par le temps. Le dossier s'est fendillé sous l'influence de l'humidité qui transsude du mur plein de salpêtre où il s'appuie.

Là, par le froid comme par la canicule, Vianney se tenait immobile, durant quinze ou seize heures, tandis qu'un océan de péchés venait déferler, en vagues bourbeuses, autour de lui.

Poussés par une force mystérieuse, ils accouraient de toutes parts vers lui ceux et celles que la puanteur de leur âme faisait suffoquer. A la gauche du confessionnal, il y a une escabelle et une tablette de bois également vétustes. Ils s'y agenouillaient, ils y posaient leurs mains moites encore des sueurs de la prévarication. Ils appelaient à l'aide le saint Curé pour qu'il les purifiât, pour qu'il leur rendît, par l'absolution, la faculté de respirer joyeusement l'atmosphère salubre de la Grâce.

Que de lèvres fiévreuses se sont collées à la grille qui coupe en deux le confessionnal ! Que de larmes ont imbibé cette planche branlante où tant de fronts souillés se posèrent pour se relever bientôt candides et barrés d'une croix de lumière !

Le Bienheureux trouvait pour tous les consolations qu'il fallait. Puisatier du Bon Dieu, il descendait dans ces âmes fétides où grouillaient des végétations spongieuses et difformes, où pullulaient les cloportes, les crapauds et les limaces gluantes de l'accoutumance dans le mal. Il enlevait les boues, il promenait partout la flamme du Saint-Esprit puis, les ayant ainsi aseptisées, il y déposait une parole de rédemp-

Eglise d'ARS (Ain). — Peinture de la Chapelle de la Châsse, par M. Borel, de Lyon

Le Bienheureux Curé d'Ars et les Pèlerins qui se préparent à recevoir le Sacrement de Pénitence dans la Sacristie de la vieille Église. Le Bienheureux Curé d'Ars, par un prodige d'intuition, distingue et appelle, dans la foule, les Pèlerins qui ont un besoin spécial de se confesser et qui ne peuvent prolonger leur séjour à Ars.

Poussés par une force mystérieuse, ils accouraient de toutes parts vers lui ceux et celles que la puanteur de leur âme faisait suffoquer. A la gauche du confessionnal, il y a une escabelle et une tablette de bois également vétustes. Ils s'y agenouillaient, ils y posaient leurs mains moites encore des sueurs de la prévarication. Ils appelaient à l'aide le saint Curé pour qu'il les purifiât, pour qu'il leur rendît, par l'absolution, la faculté de respirer joyeusement l'atmosphère salubre de la Grâce.

Que de lèvres fiévreuses se sont collées à la grille qui coupe en deux le confessionnal! Que de larmes ont imbibé cette planche branlante où tant de fronts souillés se posèrent pour se relever bientôt candides et barrés d'une croix de lumière!

Le Bienheureux trouvait pour tous les consolations qu'il fallait. Puisatier du Bon Dieu, il descendait dans ces âmes fétides où grouillaient des végétations spongieuses et difformes, où pullulaient les cloportes, les crapauds et les limaces gluantes de l'accoutumance dans le mal. Il enlevait les boues, il promenait partout la flamme du Saint-Esprit puis, les ayant ainsi aseptisées, il y déposait une parole de rédemp-

Eglise d'ARS (Ain) — Peinture de la Chapelle de la Châsse, par M. Borit, de Lyon

10.— Bienheureux Curé d'Ars et les Pèlerins qui se préparent à recevoir le Sacrement de Pénitence dans la Sacristie de la vieille Eglise. Le Bienheureux Curé d'Ars, par un prodige d'intuition, distingue et appelle, dans la foule, les Pèlerins qui ont un besoin spécial de se confesser et qui ne peuvent prolonger leur séjour à Ars.

tion qui devait y germer, y croître, s'y déployer en fines ramilles couleur d'espérance, comme le font les fougères, au printemps, dans les taillis de la forêt.

Souvent, par désarroi ou par honte, quelques-uns gardaient le silence sur un péché grave.

Alors le Bienheureux : — Mon enfant, vous ne m'avez pas tout dit...

— Mais si, Monsieur le Curé.

— Non, rappelez-vous bien, vous avez oublié telle et telle fautes.

Et à l'étonnement profond du pénitent, il lui détaillait, en spécifiant l'époque où il avait été commis, les circonstances d'un péché dont la malice s'aggravait de dissimulation.

Ce don d'intuition surnaturelle, qui montrait au Curé d'Ars les âmes déployées devant lui comme des cartes très nettes sous les yeux d'un géographe, s'exerçait parfois d'une façon encore plus stupéfiante.

Soudain, l'on voyait le Bienheureux se lever, ouvrir la porte de l'église et faire signe à quelque pèlerin, confondu au dernier rang de la foule et qui normalement n'aurait pu, avant longtemps, arriver au confessionnal, de venir le trouver. C'est qu'il avait reçu l'avertissement d'En-Haut que cette âme souffrait d'une détresse qui appelait la délivrance immédiate. Ou bien c'est qu'il s'agissait d'un pécheur qui hésitait encore à se confesser et qui avait besoin qu'on le jetât dans les eaux de la piscine de pénitence pour le faire nager.

D'autres fois, certains qui étaient venus le voir par simple curiosité — croyaient-ils — dès qu'ils se trouvaient en sa présence, se sentaient tout à coup obligés de s'agenouiller et de briser leur orgueil sous l'adorable marteau de la confession.

Voici, dans ce genre, un fait, pris entre mille, et que rapporte l'abbé Monnin :

« Un jour, le serviteur de Dieu vit entrer dans la sacristie un personnage en qui il était facile, à son air, à sa tenue, à son langage, de reconnaître un homme du grand monde. L'inconnu s'approche et M. Vianney, croyant deviner son intention, lui montre, de la main, la petite escabelle où avaient coutume de s'agenouiller les pénitents.

« — Monsieur le Curé, se hâta de dire l'homme aux belles manières, je ne viens pas me confesser ; je viens raisonner avec vous.

— Oh ! mon ami, vous vous adressez bien

mal; je ne sais pas raisonner, mais si vous avez besoin de quelque consolation, mettez-vous là (son doigt désignait l'inexorable escabelle) et croyez que bien d'autres s'y sont mis avant vous et ne s'en sont pas repentis.

— Mais, Monsieur le Curé, j'ai déjà eu l'honneur de vous dire que je ne venais pas pour me confesser et cela par une raison bien simple : je n'ai pas la foi. Je ne crois pas plus à la confession qu'à tout le reste.

— Vous n'avez pas la foi, mon ami? Que je vous plains! Vous vivez dans le brouillard. Je me croyais bien ignorant, mais vous l'êtes encore plus que moi puisque vous ignorez les premières choses qu'il faut savoir. Vous n'avez pas la foi?... Eh bien, tenez, c'est une raison pour moi de vous tourmenter ; je n'aurais pas osé le faire sans cela : c'est pour votre bien. Mettez-vous là et je vais entendre votre confession. Quand vous serez confessé, vous croirez.

— Mais, Monsieur le Curé, c'est une comédie que vous me conseillez de jouer avec vous ?

— Mettez-vous là, vous dis-je !...

« Le ton d'autorité, tempéré par la Grâce, qui accompagnait ces mots, fut cause que l'homme se trouva à genoux sans s'en douter et malgré lui. Il fit le signe de la croix et commença spontanément l'humble aveu de ses fautes. Il se releva consolé, tout à fait croyant, ayant éprouvé que, pour arriver à la foi, le plus court chemin c'est d'en faire les œuvres...

« Quelque temps après, M. Vianney traversait la ruelle qui mène de l'église au presbytère : et l'on vit l'heureux pénitent se jeter à ses pieds et lui demander en pleurant sa bénédiction. »

Ah ! c'est qu'une confession sincère, développée sous la férule bénévole d'un saint prêtre, même eût-elle été faite à l'improviste, non seulement purifie l'âme, mais la remet en équilibre.

Un peu avant, le démon — qui est inconstance et désordre — menait dans cette âme un formidable tintamarre. Les péchés s'y entrechoquaient comme les cimes des chênes de la forêt par un vent fou d'équinoxe.

Mais non, il ne faut point les comparer à ces enfants aînés de la terre : les arbres. Ce sont des pieuvres, les péchés !

C'était donc à qui d'entre eux resserrerait le plus ses tentacules pour étouffer les parties nobles de l'âme. Et la pauvre âme, attirée ci, ventousée là, laissait fuir hors d'elle la substance des grâces reçues naguère.

Tantôt elle se gonflait d'orgueil, tantôt elle s'alanguissait de sensualité, tantôt elle se corrodait des vitriols de l'envie ou elle s'apesantissait du plomb liquide de l'avarice. Ou bien la voici congestionnée par la colère ou toute veule de paresse.

Et elle allait, par soubresauts, d'un vice à l'autre, comme une boussole qui a perdu le pôle.

Mais voici que le confesseur intervient pour rompre l'étreinte, tandis que Jésus se tient là, tout près, laissant deviner dans la pénombre son sourire plein de compassion pour cette âme qui souffre, plein de miséricorde pour cette âme qui se repent, laissant luire son regard où règnent tous les grands cieux étoilés — pour cette âme qui voudrait l'aimer.

Alors l'âme, à mesure que les aveux tombent des lèvres du pèlerin, s'arrête peu à peu d'osciller sous les lanières brûlantes du Mauvais. L'ordre céleste intervient qui pénètre jusqu'en ses profondeurs pour y recréer de solides assises. Elle reprend son équilibre et, l'absolution reçue, elle se sent toute jeune et toute nouvelle.

Tout à l'heure elle était le bas-fond limoneux où fourmillent les poulpes du péché. Maintenant, c'est une clairière d'avril où les muguets de la contrition et du bon propos embaument sous un ciel de calme azur; et les clartés de la Grâce y descendent en nappes d'argent fluide.

Et alors le sourire de Jésus se fait moins mélancolique, car le pénitent, en larmes, ne peut que lui dire — comme le Bon Larron, que nous autres infimes misérables nous devons toujours invoquer — : « Seigneur, souvenez-vous de moi dans votre royaume. »

Et Jésus répond au pécheur pardonné *presque* comme il répondit à l'Apache des routes de Judée : *En vérité, je te le dis, tu seras, un jour, avec moi dans le paradis...*

CHAPITRE IX

Comme confesseur, le curé d'Ars obtint donc, entre autres résultats, celui-ci : des voleurs, des courtisanes, des « intellectuels » engoncés dans l'orgueil, des mondains dont l'âme tourbillonnait à tous les souffles de la dissipation, comme la graine de pissenlit au vent d'orage, se convertirent, marchèrent, joyeux d'être rachetés, sous l'égide des sacrements et entrevirent, sans crainte, la dernière étape avant le Ciel : le Purgatoire où ils achèveraient de se purifier dans les flammes réparatrices.

Comme prédicateur, il recueillit cet aveu : « Pourquoi prêches-tu si simplement, lui demandait un jour le démon par la bouche d'une possédée, tu passes pour un ignorant. Pourquoi ne prêches-tu pas en grand comme dans les villes ? Oh ! comme je me plais à ces grands sermons qui ne gênent personne, qui laissent les gens vivre à leur mode et faire ce qu'ils veulent ! A tes catéchismes, il y en a quelques-uns qui dorment, mais il y en a d'autres à qui ton langage simple va jusqu'au cœur (1). »

C'étaient là des triomphes qui faisaient s'éployer d'allégresse les ailes des archanges et rayonner la face en feu des chérubins. Or, ces défaites de la Malice, ces âmes repêchées dans d'infects marécages, ces preuves vivantes d'un apostolat plus que fécond devaient, pensera-t-on, combler de joie le bienheureux.

Sans doute, — mais il y avait de terribles contre-parties.

C'est, en effet, une loi sans exception de la Mystique que, chez les Saints, les humiliations et les souffrances sont proportionnelles aux grâces obtenues et aux consolations.

Le curé d'Ars n'échappa point à cette règle. Tantôt, déchiré d'épouvante, lorsqu'il envisageait sa responsabilité devant Dieu, se tenant pour une vaine poussière, il se jugeait inférieur à la mission qui lui était dévolue ; il cherchait

---

(1) *Le dimanche et la semaine à Ars*, par le chanoine Convert, page 337.

à s'enfuir pour se réfugier au fond de quelque couvent où il consumerait le reste de sa vie dans la pénitence. Mais toute sa paroisse se mettait à sa poursuite, le rattrapait sur la route et le ramenait presque de force au presbytère. Alors il reprenait sa tâche, non seulement avec résignation, mais avec joie, car Dieu, qui avait permis qu'un voile de ténèbres lui tombât devant les yeux de l'esprit lui rendait sa lumière et lui donnait la force de replacer sa croix sur ses épaules et de gravir, les pieds en sang, les yeux en larmes, le ciel dans le cœur, la montagne où Jésus mourut pour nous parmi les huées des Juifs.

Parfois, tant de vilenies étalées sans cesse devant lui, la fureur morne avec laquelle le monde se précipite dans le péché lui causaient une amère tristesse.

« Quand on pense à l'ingratitude de l'homme, envers le Bon Dieu, disait-il en pleurant, on est tenté de s'en aller de l'autre côté des mers, pour ne pas la voir. Encore si Dieu n'était pas si bon !... Quelle honte nous aurons quand le jour du dernier jugement nous fera voir toute notre ingratitude. Nous comprendrons alors ! Notre-Seigneur nous dira : Pourquoi m'as-tu offensé ? Et nous ne saurons que répondre. »

Et il disait encore : « Non, il n'y a rien au monde d'aussi malheureux qu'un prêtre. A quoi se passe sa vie ? A voir le Bon Dieu offensé, toujours son saint nom blasphémé ! toujours ses commandements violés, toujours son amour outragé ! Le prêtre ne voit que cela, n'entend que cela !... Ah ! si j'avais su ce que c'était qu'un prêtre, au lieu d'aller au séminaire, je me serais bien vite sauvé à la Trappe...

« A quoi une voix inconnue, partie soudain du milieu de la foule, répondit une fois : « Mon Dieu, que ç'eût été dommage !... (1) »

Oui, c'eût été dommage, mais cela ne pouvait se produire, car si Vianney devint prêtre en Ars ce fut parce que Dieu, qui se plaît à choisir les instruments les plus débiles pour manifester sa toute-puissance, l'avait élu justement à cause de son incapacité naturelle, afin de lui prodiguer les vertus surnaturelles et afin que Sa Gloire éclatât.

Merveille de l'Amour ! Miracle de la Grâce illuminante ! Prodiges qui avèrent que ce XIXe siècle, où certains crurent pouvoir célébrer

(1) L'abbé Monnin, *Vie du Curé d'Ars*, tome II, p. 197.

le triomphe définitif de la matière sur l'esprit, a pourtant vu l'Esprit descendre dans un village bressan pour s'irradier de là sur le monde...

Le Bienheureux connut aussi les aridités où l'âme s'apparaît plus sèche à l'égard de Dieu qu'un Sahara torride. Il connut, je l'ai déjà dit, mais il est bon de le répéter, la nuit obscure, l'épreuve terrible, familière aux Mystiques, où l'âme ne sent plus la présence du doux Maître, où elle erre dans une ombre sans étoiles et sans phare à l'horizon, pareille à un pauvre chien perdu dans une plaine qu'oppriment des nuées fuligineuses, et que balaient toutes les bises de l'hiver. Elle appelle le Maître et voici qu'il ne répond rien. Alors sa solitude l'écrase et elle se rend compte, comme jamais elle ne l'avait fait, de son impuissance, du rien du tout qu'elle est sans son Dieu. Mais, quand Il la juge bien réduite au dernier degré de la désolation, bien convaincue de son néant, Jésus descend de nouveau dans cette âme pour la relever, pour l'entraîner, toute palpitante de bonheur, dans les ravissements adorables de l'Amour.

Ou il lui envoie sa mère.

Le Bienheureux reçut souvent cette faveur des visites de l'Immaculée. Un jour, il priait dans sa chambre. Catherine Lassagne, alors directrice de la Providence d'Ars vint le trouver. — Mais laissons-la parler :

« Quand j'arrivai presque au sommet de l'escalier, j'entendis la voix d'une femme qui disait au serviteur de Dieu : « Que voulez-vous que je demande à mon Fils ? »

M. le curé répondit : — La conversion des pécheurs, le soulagement des malades et, en particulier, la guérison d'une personne à qui je m'intéresse.

Alors j'entrai dans la chambre et je vis une dame vêtue d'une robe blanche, avec une couronne sur la tête. Je dis à cette dame que j'aimerais mieux mourir que de guérir de mon cancer, afin d'aller en paradis. Elle ne répondit rien et disparut...

M. Vianney me dit : « — Si vous dites ce que vous avez vu, vous ne mettrez plus les pieds dans ma chambre.

— Oh ! j'ai assez d'orgueil, repris-je, pour ne pas vouloir l'augmenter en racontant cette vision.

— Avec la Très Sainte Vierge et sainte Philomène, nous nous connaissons bien, ajouta M. Vianney.

Souvenir d'ARS (Ain)
Église du Pèlerinage — Vieux curé d'Ars — Chapelle de la Ste-Vierge
À ses pieds j'ai prié pour vous

dans sa chambre. Catherine Lassagne, alors directrice de la Providence d'Ars vint le trouver. — Mais laissons-la parler :

« Quand j'arrivai presque au sommet de l'escalier, j'entendis la voix d'une femme qui disait au serviteur de Dieu : « Que voulez-vous que je demande à mon Fils ? »

M. le curé répondit : — La conversion des pécheurs, le soulagement des malades et, en particulier, la guérison d'une personne à qui je m'intéresse.

Alors j'entrai dans la chambre et je vis une dame vêtue d'une robe blanche, avec une couronne sur la tête. Je dis à cette dame que j'aimerais mieux mourir que de guérir de mon cancer, afin d'aller en paradis. Elle ne répondit rien et disparut...

M. Vianney me dit : « — Si vous dites ce que vous avez vu, vous ne mettrez plus les pieds dans ma chambre.

— Oh ! j'ai assez d'orgueil, repris-je, pour ne pas vouloir l'augmenter en racontant cette vision.

— Avec la Très Sainte Vierge et sainte Philomène, nous nous connaissons bien, ajouta M. Vianney.

Souvenir d'ARS (Ain)
Eglise du Bienheureux Vianney, curé d'Ars - Chapelle de la Ste-Vierge
La Statue Miraculeuse
A ses pieds j'ai prié pour vous

Je fus instantanément guérie le 15 août suivant de ce cancer qui me faisait beaucoup souffrir. J'attribue ma guérison aux prières que fit pour moi le serviteur de Dieu (1). »

Ah ! j'ai baisé le carreau à l'endroit où se posèrent les pieds radieux de ma Grande Dame. Je l'ai priée à cette place où elle vint, toute jeune, toute svelte, toute souriante, toute calme dans sa robe candide que parcouraient les frissons d'or de la lumière surnaturelle !...

Cependant, que ces choses se passaient en Ars, les incrédules et les cœurs durs raillaient ; et ils continuent de railler : — Ah ! le sale petit curé, avec sa soutane rapiécée, sa manie d'éclater en larmes au milieu de ses sermons, son indulgence scandaleuse pour un tas de galvaudeux, de drôlesses et de noceurs, dont il faisait des hébétés !

Qu'importent à Dieu ces rumeurs batraciennes ? Il a pris un homme incapable de rien accomplir par lui-même, il l'a enflammé de son Amour et il en fait, le submergeant de grâces, le thaumaturge et le flambeau de prières dont l'influence et le rayonnement ne cessent de sanctifier l'Eglise de France.

(1) Déposition de Catherine Lassagne au procès de béatification.

Sur quoi, intervient la science athée avec son vocabulaire grotesque et ses prétentions à expliquer l'inexplicable. L'entendez-vous qui marmotte :

— Psychose, hystérie, anémie cérébrale, auto-suggestion, hallucinations, lésions ataviques, dégénérescence ?...

La pauvre ! Parce qu'elle a pu déterminer quelques *effets*, elle s'imagine atteindre aux *causes*. Mais, en son foncier, elle se rend bien compte qu'elle y échoue. Et les systèmes se succèdent, se culbutent les uns les autres, tombent dans l'oubli comme des cailloux dans un gouffre. Déterminisme, monisme, pragmatisme... que sais-je ? Des mots ! Des mots ! Des mots ! Et tout cela pour arriver à cette déclaration d'un mathématicien transcendant et peu suspect de cléricalisme : Les sciences dites exactes, *les mathématiques, la géométrie elle-même n'offrent, en somme, que des formules conventionnelles ou, tout au plus, des hypothèses sans valeur objective quelconque.*

Ainsi s'exprime M. Henri Poincaré dans son livre : *la Science et l'hypothèse.*

La médecine, dont on mène si grand tapage, n'est pas plus avancée qu'au temps d'Hippocrate. Un médecin, qui n'est pas un âne, et qui sourit dans sa barbe quand on le traite de *prince de la science*, me disait naguère : — Au fond, nous en sommes toujours à la formule immortalisée par Molière : *l'opium fait dormir parce qu'il a une vertu dormitive.*

Où cette science a fait des progrès c'est dans le cabotinage. Maints rastaquouères, débarqués d'Amérique, accourus de quelque ghetto polonais, nous obsèdent à grand renfort de grosse caisse, accaparent les colonnes des journaux malpropres. L'un flanque des coups de marteaux sur les articulations des rhumatisants : comme il est naturel, ceux-ci gigotent et l'on crie à la guérison. Un juif empoisonne les avariés avec une drogue que l'Australie aurait dû choisir pour exterminer les lapins qui la ravagent. Et que d'autres ! Tel ce charcutier de chair humaine qui parade et jabote sur des scènes de théâtre où, la veille, une farceuse hébraïque et tout à l'heure centenaire massacre du Racine d'une voix éraillée par les trois-six, où, le lendemain, un turlupin de beuglant glapira des ordures et imitera le grognement du cochon pour la plus grande joie des civilisés du xxe siècle. Ce morticole promet, avec effronterie, des longévités merveilleuses. Et comme on l'applaudit ! Aussi, après lui, on peut tirer l'échelle : parmi ce carnaval de charlatans, il est le doyen.

Or, la foule béante acclame tous ces agités, que le diable stimule sans qu'ils s'en doutent, et qu'elle prend pour des prophètes et des dieux. Et plusieurs fidèles que ces acrobaties ahurissent ne sont pas loin de l'imiter.

Rappelons-leur un peu la parole de Notre-Seigneur : *Beaucoup de faux prophètes s'élèveront qui séduiront un grand nombre de gens. Parmi le développement de l'iniquité la charité de plusieurs se refroidira. Et l'on verra paraître en même temps de faux Christ, et ils montreront de grands signes au point d'induire en erreur les élus même, si la chose était possible* (Ev. sec. Matt., XXIV).

Seigneur Jésus, vous êtes la seule science et la seule sagesse. Prions afin d'être du « petit troupeau » que vous choisirez pour vous suivre quand vous reviendrez :

Le jour où Dieu reconnaîtra les siens...

CHAPITRE X

Salve Mater misericordiæ...

Le temps passe vite en Ars. On y prie, et alors on ne s'aperçoit point de la fuite des heures. On y médite, et alors le temps semble suspendre sa course.

Tantôt, je flânais dans la campagne et, chemin faisant, j'esquissais les grandes lignes de ce livre.

Tantôt, à l'orphelinat Saint-Jean, tenu par les bonnes sœurs franciscaines qui m'hébergeaient, je compulsais les documents mis à ma disposition par le chanoine Convert, ce fin lettré : l'abbé Renoud et les missionnaires, si brûlants de zèle, de la Basilique. Pour me reposer, je racontais des histoires aux orphelins. D'autres fois, j'allais au presbytère prier dans la chambre du saint Curé et prendre de nouvelles notes sur la petite table vermoulue dont j'ai parlé. Ou je rendais visite à la Supérieure de la Providence, femme fort intelligente et fort surnaturelle, qui me donnait de judicieux avis.

Je causais aussi avec quelques-uns des nombreux prêtres venus pour faire leur retraite auprès de la châsse. L'un d'eux, particulièrement, m'édifia.

C'était le jeune curé de Parmilieu, village de l'Isère. Il allait entrer à la Trappe. Il arriva à Villefranche, terminus du chemin de fer bancal, mentionné plus haut, à dix heures du soir : il n'y avait plus de train. Il parcourut à pied les 10 kilomètres qui séparent les deux localités et parvint en Ars vers onze heures et demie.

Or, tout dormait. Il eut beau frapper à vingt portes : aucune ne s'ouvrit. Alors, avisant une grange ouverte, il alla se coucher dans la paille et passa la nuit en contemplation. Le lendemain, on nous aboucha. Quelle belle âme ! L'amour de Jésus y flambait comme un lever de soleil de juillet. Ses propos, c'étaient : du feu. Il repartit le jour même...

Depuis, il est entré au noviciat. Je serais bien

Corps du Bienheureux Curé d'ARS dans sa Châsse

B. IOANN · MARIAE · BAPT · VIANNEY · SAC · CORPV

fois, j'allais au presbytère prier dans la chambre du saint Curé et prendre de nouvelles notes sur la petite table vermoulue dont j'ai parlé. Ou je rendais visite à la Supérieure de la Providence, femme fort intelligente et fort surnaturelle, qui me donnait de judicieux avis.

Je causais aussi avec quelques-uns des nombreux prêtres venus pour faire leur retraite auprès de la châsse. L'un d'eux, particulièrement, m'édifia.

C'était le jeune curé de Parmilieu, village de l'Isère. Il allait entrer à la Trappe. Il arriva à Villefranche, terminus du chemin de fer bancal, mentionné plus haut, à dix heures du soir : il n'y avait plus de train. Il parcourut à pied les 10 kilomètres qui séparent les deux localités et parvint en Ars vers onze heures et demie.

Or, tout dormait. Il eut beau frapper à vingt portes : aucune ne s'ouvrit. Alors, avisant une grange ouverte, il alla se coucher dans la paille et passa la nuit en contemplation. Le lendemain, on nous aboucha. Quelle belle âme ! L'amour de Jésus y flambait comme un lever de soleil de juillet. Ses propos, c'étaient : du feu. Il repartit le jour même...

Depuis, il est entré au noviciat. Je serais bien

étonné s'il ne faisait pas un bon moine...

Je revenais toujours devant la châsse ou dans la vieille église demeurée telle qu'elle était du temps du Bienheureux. On prie si bien auprès de ces reliques, devant ces autels qui virent sainte Philomène, saint Jean-Baptiste, les saints Anges assister le Bienheureux. Ah ! comme on aime, surtout à user ses genoux devant l'autel de la Sainte Vierge. L'âme se dilate dans les parfums de sainteté qui émanent de ces murs ; elle accueille docilement les monitions du Paraclet ; elle se cuirasse de bons propos contre les tentations à venir.

Dans la Basilique, j'aimais à étudier les belles fresques de Borel. Elles ne sont ni assez connues, ni suffisamment appréciées — bien qu'Huysmans ait signalé cet excellent peintre. Il y a là un mélange de réalisme et d'inspiration mystique qui constitue, à mon sens, un chef-d'œuvre d'art religieux comme notre époque n'en voit guère. C'est pourquoi les badigeonneurs, qui barbouillent de leurs enduits les murs de tant d'églises contemporaines, feraient pas mal d'aller se mettre à l'école chez Borel.

Dans la vieille église, je fréquentais, de préférence, la chapelle de la Sainte Vierge. Une statue, acquise par le Bienheureux, et fort admissible, surmonte l'autel. Que d'heures j'ai passées, dans la pénombre, devant cette effigie ! Sans doute, parce que le Bienheureux l'imprégna de ses oraisons, elle attire, elle retient, elle vous garde en dévotion pour la Bonne Mère.

J'égrenais mon chapelet avec lenteur, multipliant parfois les dizaines du rosaire de l'Immaculée Conception et, parfois, méditant les mystères — de préférence celui de la Visitation, qui me rappelle une conversion où Dieu permit que j'eusse part, et le Couronnement de la Vierge qui ouvre en nous tous des écluses de jubilation. Car tandis que nous envisageons la gloire de notre Reine, des images diaprées de nuances paradisiaques jaillissent de notre âme et montent s'étaler à ses pieds comme un tapis d'arc-en-ciel.

Dire le chapelet, c'est une pratique qui vaut toujours des consolations. Souvent, l'on n'est pas en train lorsqu'on le tire de sa poche ; on se représente que c'est ennuyeux de répéter tant de fois de suite les mêmes mots ; on cherche l'excuse qui vous dispenserait de ce qu'on n'est pas loin d'envisager comme une corvée. Même il arrive que le Grappin nous souffle quelque pensée de raillerie contre cette dévotion. Mais si l'on repousse l'insinuation perfide, si l'on se met carrément à la besogne en s'attachant à bien se représenter ces reposoirs étincelants de la Grâce que sont les Mystères, peu à peu le cœur, si froid au début, s'échauffe, la Mère qu'on invoquait se rapproche et sourit d'un sourire ineffable et l'on goûte une volupté surnaturelle à la saluer et à la saluer encore...

La Vierge — elle l'a dit à des Saints — aime qu'on récite le chapelet ; elle n'a jamais manqué d'obtenir des grâces à ceux qui le font même et surtout quand cela leur coûte. D'ailleurs, nous savons bien que les prières qui coûtent à la nature sont les plus méritoires, celles qui entrouvrent le mieux les portes d'or du ciel...

Il arrive que je me demande : — Mais pourquoi est-ce que j'aime tant la Sainte Vierge ? Pourquoi dans mes peines et mes tribulations, quand les hommes me jettent de la boue, quand aussi mes cloaques de jadis se remettent à puer, pourquoi mon premier mouvement — le bon — est-il toujours d'aller me réfugier auprès d'elle pour prier et pour pleurer ?

8.

Je crois que c'est parce que, m'étant donné l'habitude de vivre à ses pieds par le chapelet, j'ai appris à la connaître toujours davantage.

Et comme elle sait récompenser tout élan vers elle, tout recours à sa puissance, tout appel à sa miséricorde ! Comme elle ouvre son giron d'aurore au lamentable pécheur que je suis. Je la sens près de moi, je sens ses mains bénissantes sur ma tête en fièvre : elles sont délicates, elles sont fraîches, elles sont un baume d'Eden. Doucement, lentement, la Mère m'enveloppe de sa tendresse, elle berce mon âme comme elle ferait d'un petit enfant ; elle pénètre dans mes pensées afin de les rendre droites et pures et pour emprunter une comparaison à la poésie :

> Elle se répand dans ma vie
> Comme un air imprégné de sel...

Marie, elle est le refuge de l'affligé, du souffrant, du chrétien débile — elle est : les mers radieuses où affluent, pour sanctifier le monde, jusqu'au dernier jugement, les larges fleuves de la Grâce...

Cependant, les grains du chapelet glissent

entre mes doigts et, à chaque dizaine, je me peins Marie toujours plus réelle.

Ainsi, je la vois à Nazareth, après que la Sainte Famille fut revenue de Bethléem.

Que la maison est pauvre et dénudée ! Quatre murs en pisé, une fenêtre ouverte sur la plaine, un coffre près de la fenêtre. Le sol est de terre battue. Les tuiles disjointes du toit laissent passer des filets de jour. A droite, il y a un établi où saint Joseph prie en travaillant des planches avec la varlope et le ciseau. A gauche, une barrière à claire voie, ouverte au milieu, et qui donne sur une étable.

La Vierge se tient debout au milieu de la pièce : elle porte dans ses bras l'Enfant Jésus endormi, serré dans ses langes et qu'une brume lumineuse entoure. La Sainte Vierge est petite de taille et de complexion plutôt frêle. Elle a seize ans environ. Sa chevelure, mi-cachée sous un voile blanc assez court, et réunie en bandeaux est d'un blond foncé avec des reflets fauves — la nuance *auburn* des Anglais. Ses yeux sont d'un bleu nocturne entre de longs cils noirs. Elle est vêtue d'une robe brune aux manches larges et qu'une cordelette blanche serre à la taille. Elle a les pieds nus.

Par instants, cinq ou six moutons sortent de l'étable, entrent à la file par la claire-voie, bêlent en levant le museau vers Marie, comme s'ils l'imploraient, puis s'en retournent pour revenir bientôt. On entend le frou-frou que font les ailes des anges invisibles qui ne cessent de voler autour de la Mère et de l'Enfant et je ne sais quelle musique éolienne, descendue des orgues du Paradis. Mais le regard de la Sainte Vierge ! Dès qu'on le contemple, tout le reste disparaît. Tantôt, il se pose sur Jésus et l'on y discerne alors un mélange d'étonnement, d'admiration, d'adoration et d'amour que nul vocable humain ne réussirait à décrire. Tantôt, elle relève les paupières et regarde par la fenêtre. Alors ses pupilles se dilatent : deux larmes coulent lentement sur ses joues que dora le soleil de Galilée. Toute sa figure révèle l'épouvante — puis la douleur, puis une résignation infinie. Car savez-vous ce qu'elle voit ?

Elle voit la Passion se dérouler devant elle depuis le Jardin des Olives jusqu'au Golgotha... Et alors à contempler cela, notre cœur se brise de pitié, d'amour — pour la Vierge, d'adoration douloureuse pour l'Enfant Jésus qui dort...

Le chapelet est terminé ; on en baise la croix, on se signe on baise aussi la marche de l'autel. Et, l'âme, épanouie comme un parterre de violettes, laisse monter toutes ses puissances, en arômes de fidélité vers la Grande Dame...

Telle est la suite d'images que procure un chapelet bien dit en Ars — et même ailleurs...

La veille de mon départ d'Ars, après la prière du soir, je prolongeai ma station à l'autel de la Vierge puis à la châsse. J'étais calme et heureux ; les brumes apportées de Paris, les rumeurs orageuses qui m'avaient bouleversé l'âme dans la ville atroce, s'étaient enfuies et tues. Et, ce qui complétait l'allégresse paisible dont débordait mon cœur, je me disais que le lendemain je serais au monastère où, après avoir rappris en Ars la contemplation, je rapprendrais l'action pour l'Eglise.

Avant de m'aller coucher, je fis quelques pas sur la petite esplanade qui s'étend au chevet de la Basilique, vers l'est. La nuit transparente, sans un nuage au ciel, régnait avec douceur sur la campagne ensommeillée ; un fin croissant de lune illuminait d'or pâle le zénith ; le feuillage des platanes bruissait faiblement, comme en rêve. Les lampes s'éteignaient dans les maisons.

Je descendis les marches qui mènent à la Providence pour faire mes adieux à un exquis saule pleureur qui a poussé à côté de cet escalier. Tous les jours je lui avais rendu visite et je ne pouvais l'oublier ce soir où je prenais congé du sol béni où le saint Curé m'avait montré ma voie.

Il est si séduisant ce saule : il a la grâce et la force ; son fût robuste, ses racines vigoureuses évoquent la persévérance dans la lutte pour le bien ; sa frondaison flexible ondoie comme une chevelure d'ange. Il symbolise aussi la multiplication des Fidèles. Et c'est pourquoi il m'avait fourni un thème fécond de méditation sur la parole d'Isaïe : *Fideles germinabunt inter herbas quasi salices juxta fluentes aquas.*

Enfin, parmi mes frères les arbres, les saules sont mes favoris avec les peupliers et les bouleaux.

Je forme ce vœu : plus ambitieux que Musset, quand je mourrai, je demande autour de ma tombe : un saule pensif, un bouleau rêveur et un peuplier mélodieux...

Quand j'eus salué amicalement le bel arbre, je regagnai l'orphelinat et je me mis au lit en pensant à mon Bruno parti, depuis quelques jours, pour la montagne. Je l'unis à mes oraisons et je m'assoupis en répétant : — Bienheureux Vianney, lumière des âmes de bonne volonté, priez pour nous !...

DEUXIÈME PARTIE

UNE RETRAITE A NOTRE-DAME D'HAUTECOMBE

Un de ces relais où les destins changent de chevaux.

BYRON.

CHAPITRE XI

Bourg-en-Bresse où, venant d'Ars, je change de train pour gagner Hautecombe, est une petite ville qui n'offrirait rien de très remarquable si elle ne possédait l'église de Brou, ce joyau de l'architecture religieuse au commencement du xvi⁰ siècle. Il aurait été regrettable de ne pas la visiter. Aussi fis-je escale à Bourg dans cette intention.

Je ne décrirai pas l'église de Brou. Comme je l'ai mentionné ailleurs, je suis l'homme des arbres et non celui des pierres. Si la beauté d'un monument me touche, je manque des études nécessaires pour en donner une description exacte. L'essayant, je confondrais archivolte avec tympan et stylobate avec frise. Je multiplierais les hérésies en la matière au point d'attirer sur ma tête les foudres des gens spéciaux — ce qui serait fort équitable.

Je me bornerai donc à dire le ravissement où me plongèrent les vitraux et les incomparables sculptures sur bois qui s'alignent au-dessus des stalles du chœur.

J'ajouterai que, désirant me recueillir devant ces merveilles — hélas laïcisées — j'engageai, en termes brefs, le subalterne officiel, qui voulait, à toutes forces, m'enfourner des notions historiques dont je n'avais cure, à me f...lanquer la paix.

Une pièce de vingt sous lénifia l'amertume que ma rebuffade causait à ce brave homme.

Quand je repris le train, des nuages, montés de l'ouest, envahissaient le ciel calciné par les ferveurs de l'été. La pluie allait venir pour la plus grande joie des cultivateurs, pour le désagrément des touristes. Mais le temps n'était pas encore assez couvert pour qu'on ne pût apprécier les fiers profils des montagnes qui commencent après Ambérieu et qui se multiplient, toujours plus élevées, jusqu'aux colosses des Alpes.

Tout en admirant les montagnes, je saluais au passage maintes statues de la Sainte Vierge élevées sur quelques sommets, et bénissant de là-haut les bourgades et les villes qu'elles protègent. Au plaisir de savourer le paysage se mêlait ainsi la joie de constater qu'en cette région l'on gardait le culte de la Bonne Mère.

A Culoz, nouveau transbordement et d'abord arrêt prolongé pour prendre quelque pâture. Il commence à pleuvoir.

Une gare d'embranchement comme celle-ci, où se croisent les lignes vers la Suisse, l'Italie, Paris et Lyon, présente, surtout en temps de vacances, le plus amusant tohu-bohu de voyageurs qui se puisse concevoir.

Il y a de petits bourgeois à billets circulaires qui, enfiévrés par une villégiature insolite, s'effarent, s'ahurissent, jacassent comme des poules et font tourner en chèvres les employés dont ils rebattent les oreilles d'interrogations saugrenues.

Il y a des podagres en route vers des eaux chimiques et qui geignent en clopinant, appuyés au bras de quelque valet bien rasé — dans les deux sens du mot.

Il y a des dames luxueuses, cliquetantes de sautoirs où brimballe tout un attirail de bibelots hétéroclites, coiffées de galettes gigantesques et fleuries qui, heurtées aux embrasures des portières, ont pris des formes presque aussi cocasses que celles où s'exerça primitivement le génie des modistes qui les conçurent.

Il y a des émigrants maigres, terreux, chargés d'enfants pâlots et de colis minables. Leur regard de détresse évoque celui d'un bétail plaintif emporté vers de vagues abattoirs. Des soldats alpins descendus de quelque poste de la montagne, qui portent crânement le béret sur l'oreille et les bandelettes engaînant leurs jarrets. Ils échangent des propos goguenards sur « la touche » des civils qui s'agitent sur le quai. Des douaniers, l'œil au guet. Des Teutons pansus, fumant d'énormes cigares, arborant des feutres verts ornés d'une plume de faisan ou de perdreau. Des misses anglaises, en robe courte, beige ou blanche, brandissant des raquettes de tennis prisonnières dans des étuis de cuir fauve. Elles gazouillent, à dents serrées, des vocables où il est question de sports. Et que d'autres encore !

Ce qui égaie aussi, ce sont les cache-poussière dont cette foule est affublée ; toutes les nuances possibles : mastic, cachou, gris-souris, caca d'oie, et même bleu-lavande. Tous fort affreux.

Comme je m'en gausse à part moi, mon regard tombe sur le mien ; je m'aperçois que sa teinte toile d'emballage est pareillement vilaine — ce qui renfonce ma raillerie... Je gagne le buffet ; je m'attable. — Tout en avalant, avec résignation, des choses toxiques embrenées de redoutables sauces, j'examine mes voisins de pitance.

Voici un couple : lui, glabre, gras, rose et blanc comme du petit salé. Ses yeux en faïence font la bille entre des paupières lourdes. Le poil incolore qui jalonne çà et là son crâne évoque irrésistiblement des comparaisons porcines. Un ventre plus que majestueux. Il mâche avec lenteur et, aux dents trop blanches de son râtelier des points d'or luisent.

Elle, roussâtre, aride et plate comme un champ de Beauce après la moisson. Elle est coiffée d'une sorte de casquette en paille mauve où une plume groseille se défrise. Mauves aussi son corsage et sa jupe et valant bien dix-neuf francs quatre-vingt-cinq. Cependant, des dentelles de prix bouillonnent à ses poignets et sur le néant de sa gorge. Un diamant énorme scintille à son annulaire. Quant à l'expression de sa figure anguleuse, elle signifie : — Prenez garde, je suis une ortie ; si vous approchez, je pique.

Ils échangent des propos que je suis bien forcé d'entendre, et cela roule exclusivement sur les dépenses du voyage. Ils viennent d'Aix ; ils vont à Genève. Leurs jérémiades alternent sur le prix excessif des chambres d'hôtel, l'avidité des cochers et des guides, la cherté des places en chemin de fer, l'exagération des surtaxes de bagages... Que sais-je ? L'argent, et puis l'argent, et puis l'argent : les mots tintent comme des monnaies en passant par leurs lèvres.

Alors, je les scrute plus attentivement et je reconnais en eux ce regard terne et glacé à la fois, ces prunelles qui semblent doublées de métal et auxquelles il n'y a pas à se tromper.

— Bien, me dis-je, l'avarice !

Comme ils ont fini de manger, ils règlent l'addition en se récriant sur le total. Or, ils ont dépensé six francs à eux deux et ils n'ont bu que de l'eau d'Evian. Ils se lèvent après avoir remis deux sous de pourboire au garçon qu'ils ont dérangé dix fois, tarabusté, rabroué avec une morgue qui leur aurait mérité une rafale de gifles.

En face de moi deux dames. L'une, sexagénaire et cossue, hautaine, habillée de soie noire et empanachée, quant au chapeau, comme un corbillard de première classe. L'autre descendait la seconde moitié de la quarantaine et, maigriote, se ficelait dans un tailleur râpé.

La personne soyeuse et importante énumérait les titres de rente qu'elle avait touchés d'un récent héritage et les sacs d'écus qui s'alignaient dans son coffre-fort. Puis elle mentionnait le château qu'elle allait acheter et annonçait, pour l'hiver, sa villégiature à Saint-Raphaël. L'autre pinçait les lèvres, toussait d'une petite toux sèche et devenait couleur citron. Ce fut au point que je me dis : — Elle va périr de la jaunisse sous mes yeux, c'est sûr !

Ensuite, elle émit, d'une voix vinaigrée, une série de petites phrases perfides qui insinuaient les cambrioleurs possibles, les notaires infidèles, les banquiers qui font volontiers une écumoire de la lune, les assassinats en chemin de fer et cent désastres. La vieillarde se troublait à l'énoncé de tant de catastrophes. Et je suivais l'expression de joie maligne qui plissait peu à peu le visage de son interlocutrice.

Bien, me dis-je, l'envie !

Car il y a, entre femmes, une façon d'articuler ces deux mots : « Chère madame » où sifflent cent vipères.

L'observateur connaît cette intonation et il la note au passage comme l'indice le plus certain de cette haine que les besogneux qui s'enfiellent portent aux favorisés de la fortune.

Je me pris à rêver sur ces deux péchés : l'avarice et l'envie. Ils sont, parmi les sept, les plus virulents, car, purement cérébraux, envahissant toute l'intelligence, n'ayant pas l'excuse relative, comme la colère ou la sensualité d'une prédisposition d'ordre physiologique, ils font de nous des êtres dont le cœur se durcit irrémédiablement, devient d'acier ou de granit à l'égard d'autrui. Ils compromettraient le salut éternel de ceux qu'ils possèdent pour une vengeance ou quelques ors.

L'avare est le pire, car rien ne l'atteint plus, tandis que l'envieux souffre et mérite, par là, quelque pitié.

Et je me remémorai la punition des avares dans *l'Enfer* de mon tant aimé Dante : *Là, je vis des damnés plus qu'en aucun autre lieu. Ils formaient deux troupes et, de part et d'autre, ils roulaient des fardeaux de tout l'effort de leur poitrine.*

Ils se frappaient en se rencontrant et puis brus-

quement, ils retournaient chacun en arrière en criant : « Pourquoi retiens-tu ? »

Je dis [à Virgile] : *Maître, parmi tous ces gens-là, j'en devrais reconnaître quelques-uns de ceux qui sont devenus immondes par ce vice.*

Et lui à moi : — *Tu te perds dans une vaine pensée ; la vie sordide qui les a rendus difformes les masque et les rend tout à fait méconnaissables.*

Ils reviendront éternellement se choquer, ressuscitant du sépulcre, la main fermée et les cheveux ras...

Je recueillis encore pas mal de vilenies autour de moi. Il me fallut me rappeler avec force le très peu que je vaux moi-même pour ne pas prendre en horreur tous ces pustuleux du vice.

Mais je ne pus m'empêcher de me redire une fois de plus ce que je me répète si souvent : — Décidément, les arbres valent mieux que les hommes. Ah ! ma forêt, où es-tu ?...

Sur quoi l'on appela pour le train qui devait me déposer à Chindrieux, petite gare avant Aix, d'où je gagnerais le monastère.

Or, il pleuvait à torrents.

CHAPITRE XII

A Chindrieux, c'est un déluge comme si les cataractes du ciel s'étaient ouvertes pour deux fois quarante jours. Le voiturier, qui assume la tâche de me conduire à Hautecombe, m'insinue que je ferais bien d'attendre. Mais je ne veux rien savoir, car j'ai hâte d'être au monastère. Foin du monde ! Foin des gens qui jabotent et s'entremordent pour des pécunes ou des piques de vanité. Foin de cette agitation qui fait que l'âme se disperse en mille fadaises où Dieu n'a point part.

J'ai soif de solitude, d'enseignements surnaturels et de prières prolongées à loisir.

C'est pourquoi j'exige qu'on attelle sans perdre de temps...

Me voici dans une tapissière assez mal close

par des rideaux en toile cirée. La haridelle qui la traîne secoue les oreilles sous la pluie. Mais, tout de même, cinglée d'un fouet vigilant, elle avance sans trop regimber. Quant au cocher, stoïque sous un vaste parapluie violâtre, il offre la mine impassible d'un grenadier de la vieille garde marchant contre la mitraille des Russes à Eylau ou à Friedland.

Vers le pont de Savières, nous découvrons le lac du Bourget ou du moins nous le devinons : car les nuées basses, l'averse et les embruns l'enveloppent de vapeurs qui en laissent à peine soupçonner l'étendue et les contours.

Résigné à ne rien voir ce jour-là, je me recroqueville dans un coin de la carriole, je ferme les yeux et fort heureux de m'être évadé du Guignol où l'humanité gambade, je me paraphrase, en action de grâces, le psaume 123 :

Mon Dieu, dans la ville dévorante, je me suis vu tout seul ; et, soudain, voici que tu étais là.

Je fus un long temps sans pressentir ta présence parce que les hommes de la ville effervescente formaient une foule qui bouillonnait autour de moi comme l'eau d'un torrent débordé. Mais, par toi, la Dame des Victoires m'a tendu la main et j'ai traversé le torrent intolérable.

Tu m'as montré le chemin de mon salut, un soir où les étoiles brillaient comme des cierges de paradis ; et je t'ai béni, Seigneur, et je t'ai loué parce que, comme chaque fois que les esprits d'en bas m'ont menacé de leurs griffes et de leurs dents, tu m'as tiré de la tribulation.

Ils croyaient me tenir dans leur filet : j'étais le passereau qui, l'aile cassée, se débat parmi les mailles.

Or, tu as rompu le filet et me voici délivré de la Malice, désireux de reprendre les armes pour ta gloire, celle de ta Mère et celle de ton Eglise.

Où irai-je ? Que ferai-je ? Comment userai-je des grâces que tu daigneras octroyer à ma bonne volonté ? Je n'en sais rien. Mais je sais et je crois que tu es ma force et mon espérance uniques. Je sais et je crois que ton Fils a souffert et saigné pour moi. Je sais et je crois que l'Immaculée me dirige à travers l'énigme de ma vie. Je sais et je crois que tout secours vient de toi, Seigneur, qui as créé les espaces infinis où les astres d'or roulent sous tes pieds avec la pauvre petite terre où nous peinons dans l'attente de ta venue. J'ai confiance : garde-moi dans le recueillement du cloître ou rejette-moi dans la fournaise humaine.

Que ta volonté soit faite et non la mienne. Ainsi soit-il.

Nous descendons une côte qu'ombragent de grands marronniers dont le feuillage crépite, flagellé par la pluie tenace. Nous passons sous une antique arcade et nous arrêtons à la grande porte du monastère. Je saute à bas de la voiture et je tire la cloche qui annonce les visiteurs. Un frère convers, barbu, vêtu de brun, vient m'ouvrir et m'introduit après s'être incliné en silence...

Le mot *Paix* devrait être écrit au seuil du cloître où l'on pénètre. Il fait si calme sous ces blancs arceaux encadrant un petit jardin au centre duquel s'élève une statue de la Vierge adolescente et couronnée d'étoiles !

Des inscriptions sollicitent le regard. Au-dessus d'une porte latérale de l'église, celles-ci en latin : *Rappelons-nous toujours ce que dit le prophète : Servez le Seigneur dans la crainte. — Chantez avec réflexion. — En présence des anges, je vous chanterai, Seigneur.*

Autour de l'entrée du Chapitre : *Nul ne se produit en sûreté s'il n'aime la retraite. — Nul ne parle avec fruit s'il n'aime à se taire.* (Ces sentences sont tirées de l'*Imitation*.)

Plus loin, au-dessus d'une fenêtre, ces paroles de saint Bernard : *Le cloître est vraiment un paradis.* — *Le cloître est la véritable citadelle de Dieu.* — *Religion : vie bienheureuse, vie des anges.*

En français, au bas du grand escalier : *A la suite d'un Dieu fait homme, l'homme ne peut monter qu'en descendant. Les fins dernières du religieux : la mort à sa volonté ; le renoncement à son jugement ; le purgatoire de la pénitence ; le paradis de l'amour divin.* — *Le plaisir de mourir sans peine vaut bien la peine de vivre sans plaisir.*

Toute la vie monastique n'est-elle pas résumée en ces préceptes si sages et si profonds? Qu'ils sont heureux de les mettre en pratique les Pères que l'on croise çà et là et qui vous saluent sans parler ! Les uns en tunique blanche à scapulaire noir, ceints d'une large ceinture de cuir, s'en vont vaquer à quelque obédience. Les autres, revêtus de la coule candide à grandes manches, se rendent à l'église. Tous offrent ces yeux si limpides et si lumineux à la fois des contemplatifs. On sent, à les étudier, des âmes paisibles, confirmées en grâce, et qui portent joyeusement le joug de Notre-Seigneur. L'homme ici s'est tourné tout entier vers Dieu. C'est la pensée de Dieu qui domine et inspire tous ses actes, toutes ses méditations, toutes ses paroles. Les saints qui les protègent visitent volontiers leur solitude. Les anges qui les gardent chantent dans leur silence.

D'ailleurs, la règle est conçue de façon à développer l'esprit de recueillement et d'oraison. La voici dans ses grandes lignes : lever à 3 heures du matin, récitation ou chant de l'office canonial. En plus, tous les jours, le petit office de la Sainte Vierge et l'office des morts. Abstinence de viande toute la semaine. Le dimanche, le gras est permis, sauf pendant l'Avent et le Carême. Silence perpétuel, sauf trois quarts d'heure de récréation le dimanche, excepté en Carême. Coucher à 8 heures. Religieux de chœur et convers logent en cellule. Il y a pour les Pères environ deux heures de travail manuel par jour. C'est ainsi que je les ai vus vendanger, couper du bois, arracher les mauvaises herbes.

Dans les cellules : une couchette supportant une paillasse, un traversin, deux couvertures, une table en bois blanc, deux chaises, quelques rayons où s'alignent des livres de piété, des poteries grossières pour la toilette, un crucifix très simple, deux ou trois images de piété. C'est là ou à l'église que se passe la plus grande partie de l'existence du moine.

Et si vous saviez, gens du monde qui vous démenez, comme des écureuils, dans la cage de vos instincts, combien cette vie, que vous tenez pour insensée, apparaît saine et raisonnable aux chrétiens, que leurs péchés ou le service de Dieu obligent à vivre parmi vous!...

CHAPITRE XIII

L'abbaye s'élève sur le bord occidental de cet admirable lac du Bourget qui remplit de ses eaux, couleur de turquoise diaphane et de limpide améthyste, une vallée allongée en fuseau, du Sud au Nord. Des montagnes, hautes de douze à dix-huit cents mètres et, pour la plupart, dénudées, l'entourent. Le contraste est violent entre ces ondes azurées, souriantes et mélodieuses, et ces sommets gris où ne manquent ni les crêtes arides ni les rocs moroses.

Quant au lac, il s'étend sur une longueur de seize kilomètres environ. Sa plus grande largeur est de six kilomètres. Dans certains endroits, sa profondeur va jusqu'à cent quarante mètres. Hautecombe en désigne à peu près le milieu.

Le monastère primitif, fondé vers 1109, s'élevait, dans un repli de la montagne, de l'autre côté du lac. De là le nom : Haute-Combe, autrement dit Haut-Vallon. Quelques années plus tard, il fut affilié à l'Ordre de Cîteaux.

Vers 1125, sur le conseil de saint Bernard, les moines transportèrent leur communauté en un lieu dit Charaïa, qui était, disent les chroniques « moult solitaire et dévotieux, et lointain, et hors de toutes gens et n'y avait là que l'habitacle d'un pauvre et saint hermite... » C'est l'emplacement actuel qui leur fut concédé par le comte de Savoie Amédée III.

Les religieux étaient de fort saintes gens : leurs deux premiers prieurs furent béatifiés ainsi que le comte Humbert III qui avait pris l'habit chez eux en 1162.

Au XIIIe siècle, le monastère prospérait ; de nombreuses donations assuraient le temporel ; le recrutement des novices s'opérait facilement ; on venait de toutes parts demander les prières de la communauté.

Mais, peu à peu, comme il arrive lorsque les couvents sont trop riches et trop exempts de tribulations, la décadence commença. La règle avait subi des adoucissements illicites ; des frères convers possédaient et commerçaient à leur profit malgré le vœu de pauvreté. Les biens même du monastère étaient parfois cédés à des laïques. D'ailleurs, le régime de la commende avait là, comme partout, produit de désastreux résultats.

Une première tentative de réforme eut lieu en 1546. L'abbé commendataire, voyant ses revenus diminués par les trafics de ses moines, se plaignit au chef de l'ordre et, avec son approbation, lança une ordonnance où il était signifié aux convers d'avoir à remettre tous leurs biens à l'abbé « pour qu'ils évitassent le vice exécrable de propriété. » La réforme alla jusqu'à spécifier la nature et la quantité des denrées qu'ils auraient le droit de prélever sur les produits du domaine : « Bon et loyal blé, œufs, lard, poisson, beurre, huile, oignons, fèves et pois » ce qui donne un jour sur l'alimentation des moines à cette époque. En outre, l'abbé ordonna qu'en ce qui concerne le vestiaire, on ne pourrait dépenser plus de huit francs par an pour les profès et de deux écus pour les convers. Quant aux novices, ils devaient être vêtus par leurs parents jusqu'au jour de la profession.

Ces mesures n'enrayèrent pas beaucoup la décadence, puisque dès 1599, saint-François de Sales, alors prévôt de l'évêque de Genêve, Claude de Granier, dut procéder à une nouvelle réforme qu'il soumit au Pape. En 1607, devenu évêque à son tour, il dut encore sévir ; et les choses en étaient venues à ce point que, parlant des religieux de toute la contrée, mais ayant surtout en vue ceux d'Hautecombe, il s'écriait : « C'est une merveille combien la discipline des réguliers est dissipée en ce diocèse. — J'excepte les chartreux et les ordres mendiants. — L'argent de tous les autres est changé et tout réduit en ordures ; leur vin même est changé en venin. D'où ils font blasphémer les ennemis du Seigneur qui disent tous les jours : — Où est le Dieu de ces gens ici ?... »

Suivant la règle invariable, l'or, chéri par dessus tout, avait produit la peste et la mort spirituelle. Car il est dit : « Si tu vénères l'or, tu finiras par l'aimer plus que toi-même — plus que ton âme immortelle. Aussi tu iras te perdre en lui, au fond des fournaises infernales où il se liquéfie... à moins que la Grâce du Seigneur ne te touche, au dernier moment. »

Au XVIIe siècle, la décadence de l'abbaye se

précipita. Au XVIII⁰ elle était arrivée à son apogée. En 1727, il n'y avait plus que quatre religieux et encore dans quel état de décrépitude !

Leur prieur écrivait : « Mes infirmités augmentent toujours et je suis hors d'état de faire aucun service en exécution des fondations. Dom Riondel a cessé de célébrer la messe, tant par rapport à son âge que par l'affaiblissement de son esprit. Dom Pegaz est tombé dans un épuisement de forces qui l'empêche d'assister au chœur. Il ne reste que Dom de Sonnaz qui soit utile dans la maison. Par suite, à nous deux, nous ne pouvons plus dire les offices ni exécuter les fonctions journalières. »

On ne faisait plus de réparations ; l'église et le cloître tombaient en ruines. « Le domaine se trouvait partout au pillage. »

L'invasion de la Savoie par les troupes de la Révolution en 1792 y suscita le règne de la tyrannie jacobine. Les huit religieux, qui occupaient Hautecombe, à cette époque, furent chassés — heureux encore d'échapper à la guillotine — leurs biens confisqués et vendus. Une fabrique de faïences s'installa dans le monastère et en acheva la destruction.

Ce fut seulement en 1824 que le roi Charles-

Félix et sa femme Marie-Christine de Bourbon rebâtirent Hautecombe et y appelèrent de Turin douze Cisterciens.

En 1860, la réunion de la Savoie à la France nécessita pour le monastère une convention spéciale qui subsiste encore. Les bâtiments, le domaine, l'église furent considérés comme situés en terre piémontaise et comme appartenant à la couronne d'Italie. Les Cisterciens de la Congrégation de Sénanque, qui y furent appelés en 1864 et qui n'ont pas cessé d'assurer jusqu'à aujourd'hui le service des fondations, sont tenus pour les gardiens des tombeaux où reposent comtes, ducs et rois de Savoie depuis Humbert III le Bienheureux (1198) jusqu'au roi Charles-Félix, décédé en 1831.

Notre-Dame d'Hautecombe et son domaine forment donc une sorte de petite enclave italienne en France. C'est ce qui explique que les moines qui la desservent ont échappé aux vols et à l'expulsion dont la République actuelle s'est fait une habitude à l'égard des autres congrégations.

CHAPITRE XIV

La première joie du pèlerin qui arrive au monastère vers lequel il tendait, pour y jeter son âme en Dieu, est celle-ci : dès qu'il a franchi le seuil de la clôture, le religieux chargé de la direction spirituelle des hôtes le conduit d'abord à l'église pour qu'il adore le Maître du lieu : Jésus dans son tabernacle.

On entre, on se prosterne et — tout de suite — on éprouve une sensation de bien-être. Car où serait-on mieux qu'auprès de Notre-Seigneur ?

Déjà, dans la vie extérieure, dans les villes, passant devant une église on se disait assez fréquemment, par une inspiration de son Ange gardien : —Tiens, si j'entrais quelques minutes, afin de manifester à mon Dieu que je l'aime et que je me remets sans cesse sous sa protection ?

Aussitôt fait que pensé. On gagne l'autel où repose la Sainte-Réserve, on prie et l'on ressort gratifié d'une énergie nouvelle.

Mais, au monastère, au prélude d'une retraite, cette grâce s'affirme encore plus roborative. Maints grelots de la folie humaine, quel que fût notre bon propos, tintaient encore tout à l'heure en nous. Or, voici qu'ils font silence et que les impressions mondaines se dissipent, comme une folle fumée, au souffle de l'Esprit Consolateur.

Il semble qu'à ce moment, Dieu nous prodigua les secours dont nous allons avoir besoin pour déterminer notre ligne d'existence à venir. On dirait aussi qu'il imprime son cachet sur la cire brûlante de notre âme afin que quand il paraîtra se retirer de nous — comme il va bientôt le faire pour notre bien — notre libre arbitre garde la mémoire des grâces naguère reçues...

Ensuite le Père vous mène à la cellule qui vous est destinée ; puis, après quelques phrases de politesse et d'accueil, il vous fait remarquer que le règlement de la retraite est sur la table, à côté de l'Evangile et de quelques manuels de dévotion qu'il changera du reste s'ils ne conviennent pas à votre état d'âme. Puis, il vous recommande de prier beaucoup Notre-Seigneur en sa Passion et Notre-Dame des Sept Douleurs afin qu'elle vous assiste dans les peines qui vous attendent et pour qu'elle vous obtienne la grâce de vous conformer humblement à la volonté de Dieu telle qu'elle se dévoilera au cours de la retraite. — Puis il vous laisse seul...

A Hautecombe, je me familiarisai d'abord avec le local. J'inventoriai du regard ma cellule : une grande table, trois chaises, une couchette, une table de nuit, un lavabo muni de ses accessoires, un prie-dieu devant un crucifix. Aux murs très blancs quelques lithographies : portraits de Saints, épisodes de l'Ecriture. Le plafond est très haut. L'air et la lumière entrent à flots, par deux fenêtres ouvertes, avec le murmure câlin du lac qui baigne le pied du roc où s'assied le monastère.

Je vais à l'une des croisées et j'y demeure cloué d'admiration.

Ah ! l'amoureux de la nature que je suis n'avait pas à se plaindre. La pluie avait cessé. Quelques nuées couraient encore dans le ciel.

Mais le soleil glissait entre leurs interstices des rayons légers qui venaient danser à la surface des eaux comme un peuple de sylphes. Et les vagues, d'un bleu aussi transparent et aussi intense que celui de la Méditerranée, les vagues inquiètes, où le vent assez fort ourlait des *moutons* et faisait frissonner des moires d'émeraude, accouraient se briser et mourir sur une grève bruissante de longs roseaux.

En face de l'autre côté du lac, à six kilomètres, les monts arides que surmonte la Chambotte, tombent en pentes raides, dans le lac, ne laissant qu'un espace exigu à la voie du chemin de fer, taillée à même les rochers.

A droite, le fier profil du Revard dominant à quinze cents mètres de hauteur, les villas, les caravansérails et les tripots d'Aix-les-Bains. Tout au fond, les Alpes du Dauphiné et leurs neiges qui scintillent — candides dans l'azur. A gauche, à dix kilomètres, le promontoire noirâtre de Chatillon.

— Allons, me dis-je, il y a de quoi rêver et collectionner de belles images.

Je rentrai dans la chambre ; je m'agenouillai devant le Crucifix ; je priai un peu ; puis je regardai en moi-même.

Aussitôt des ténèbres se firent dans mon âme. Je fus pris d'une atroce sensation de solitude. Tous mes projets, tous mes désirs de perfectionnement, toutes mes pensées de piété m'apparurent comme des blocs de terre durcie qui écrasaient ma conscience. J'errais à travers ces masses inertes comme un nomade perdu dans quelque gorge sans issue de l'Arabie Pétrée.

J'essayai de me résumer ce que j'avais à dire au Père. Rien ne me vint qu'un découragement immense, une désolation infinie où il me semblait que Dieu m'avait à jamais abandonné.

Je voulus me remettre à prier... Impossible : mes oraisons s'arrêtaient court, ou dardées désespérément vers le ciel, retombaient sur moi comme des flèches qu'on oublia d'empenner.

Puis, un sentiment de méfiance contre le Père m'envahit. Bien qu'il fût absurde de le juger d'après les quelques mots échangés tout à l'heure avec lui, je m'imaginai qu'il ne comprendrait rien aux problèmes de conscience que j'allais lui soumettre ou qu'il ne me fournirait que des solutions ineptes.

Ensuite, Dieu permit qu'en cette nuit obscure, le Mauvais s'insinuât pour me suggérer que j'allais périr de langueur dans ce monastère.

— Laisse là ces moines, sifflotait-il, fiche donc le camp à Aix qui est là tout près et où l'on s'amuse...

C'était une attaque démoniaque des mieux caractérisées. Heureusement, j'ai acquis quelque expérience dans cet ordre de phénomènes ; après une ou deux minutes de désarroi, je me repris : — Idiot complexe, répondis-je, tu ne me leurreras pas. Au nom de Celle qui t'écrase la tête tous les jours, hors d'ici !...

Le Grappin n'aime pas du tout qu'on l'insulte et il aime encore moins qu'on invoque l'Immaculée contre lui. — Aussi se hâta-t-il de déguerpir.

Il ne resta que le sentiment de solitude et la sensation des ténèbres intérieures.

Que faire en cette déréliction ?

Aller à l'Eglise, se tenir, dans une humble attente, devant le Saint-Sacrement jusqu'à ce qu'il plaise à Jésus de tirer du noir sommeil où elles gisaient les puissances engourdies de l'âme.

C'est à quoi je me résolus. Auprès du tabernacle, peu à peu, mon angoisse se dissipa. Je ne retrouvai point la lumière intégrale, mais mon âme fut dans une sorte de demi-jour où je compris que Dieu avait voulu l'épreuve pour briser cette suffisance orgueilleuse, cette confiance exagérée en soi-même qui sont, dans la vie mondaine, les causes de presque toutes nos fautes.

A la soirée, comme j'avais regagné ma cellule, le Père vint m'y trouver. Il s'informa de mes dispositions. Alors, comme une écluse s'ouvrit en moi : fiévreusement, je lui dis mes peines, mes incertitudes, mes désirs ; et toujours revenaient ces phrases : — Je veux faire ceci... Je désire faire cela...

Le Père m'écoutait attentivement sans m'interrompre. Quand je m'arrêtai, à bout de plaintes et d'arguments, il me dit : — Ce qu'il faut vouloir, c'est de faire la volonté de Dieu. Avant de rien entreprendre, vous et moi, nous allons le prier, aussi longuement qu'il faudra pour qu'elle se manifeste. Jusque-là, je vous demande de ne pas vous bouleverser l'esprit en enfantant des projets dont ni vous ni moi ne pourrions savoir encore s'ils sont pour la plus grande gloire de Dieu et de son Eglise. Vous communierez demain à l'intention d'obtenir une clarté sur les vues d'En-Haut à votre égard. Vous aimez la Sainte Vierge, vous avez expérimenté cent fois qu'elle ne cessait de vous protéger. Sollicitez donc la grâce d'humilité par son intercession toute-puissante, et méditez cette parole de l'Annonciation en l'appliquant à votre âme : *Ecce ancilla Domini ; fiat mihi secundum Verbum tuum.* Priez aussi pour moi.

Il m'embrassa, me bénit et se retira.

cent fois qu'elle ne cessait de vous protéger. Sollicitez donc la grâce d'humilité par son intercession toute-puissante, et méditez cette parole de l'Annonciation en l'appliquant à votre âme : *Ecce ancilla Domini ; fiat mihi secundum Verbum tuum.* Priez aussi pour moi.

Il m'embrassa, me bénit et se retira.

CHAPITRE XV

Le but de mon pèlerinage et de ma retraite, c'était, en effet, de déterminer comment je pourrais le mieux servir Dieu et son Eglise — à l'avenir.

Or, je venais de subir de grands chagrins et des déceptions poignantes. Une tentative d'entrée en religion avait échoué : le saint religieux qui m'avait dirigé pendant mon postulat, m'avait déclaré, après trois mois d'essai et avec l'approbation de ses supérieurs, qu'il me croyait voué à poursuivre, dans le monde, l'apostolat par la parole et par la plume.

Je m'étais incliné. Mais ce fut plein d'une profonde tristesse que je retournai parmi les hommes. J'avais tant souffert de mon contact avec eux ; j'étais si épris de recueillement, de vie contemplative et de silence !

Et puis, je traversais une crise de découragement. Voici pourquoi : Les gens se figurent volontiers que l'existence d'un homme en vue comporte des satisfactions de toutes sortes. Ah ! la réalité est bien différente...

Pour quelques joies souvent précaires, pour quelques belles âmes qu'on rencontre qui vous conseillent, vous avertissent des abîmes qu'on frise à chaque pas, qui vous réchauffent de leurs prières, que de déboires, que d'amertumes, que d'interprétations malignes de vos actes les mieux intentionnés, que de jalousies venimeuses et même que de calomnies répandues avec persévérance !

C'est pourquoi j'aspirais à fuir toutes ces vilenies, craignant qu'elles ne fissent guère trêve qu'à la mort de l'orateur et de l'écrivain qui les suscita. N'ayant jamais eu d'autre objectif que de travailler pour ma foi — comme c'était d'ailleurs mon devoir strict après la grâce incomparable de conversion reçue cinq ans auparavant, — je me disais : — Moine, je prierai sans cesse pour autrui et je serai par là aussi utile à mes frères d'humanité qu'en noircissant du papier et qu'en pérorant sur des tréteaux où le démon d'orgueil me guette pour me culbuter au premier écart.

Eh bien ! il y avait surtout de l'égoïsme dans cette velléité de claustration qui s'offrait à moi sous de si belles couleurs. Il y avait aussi de la lâcheté, car je refusais, en somme, de porter plus longtemps ma croix et de gravir mon calvaire pour l'amour de Notre-Seigneur.

Le Père me le fit bien sentir quand après une confession générale, des communions de chaque jour, de longues stations devant le Saint Sacrement et des chapelets sur les mystères douloureux, Dieu me fit la grâce d'accepter sa volonté quelle qu'elle fût.

Il me dit en substance : — J'ai prié ; la communauté a prié pour vous, et voici mon avis : vous n'avez pas le droit de vous ensevelir dans un froc. Vous êtes, dites-vous, un instrument fort imparfait et vous vous jugez très faible contre les dangers et les dégoûts dont le monde vous assaille. Mais s'il plaît à Dieu d'user encore de cet instrument pour procurer sa gloire, votre devoir n'est-il pas de vous incliner et de vous remettre intrépidement à la besogne ? Vous avez des preuves que, jusqu'à présent, votre effort ne fut pas stérile : vos livres, vos conférences ont fait du bien. Dieu vous a octroyé cette faveur énorme de vous employer au salut de quelques pécheurs qui, aujourd'hui convertis, prient pour vous. Il faut persévérer. J'estime, en mon âme et conscience que telle est la volonté divine. Vous y conformerez-vous ?

J'eus quelques minutes d'hésitation violente. J'arpentai la cellule en priant la Sainte Vierge de venir à mon secours. Et je sentis soudain qu'il fallait me soumettre. M'agenouillant, les yeux en larmes, devant le Crucifix, je murmurai : *Fiat voluntas tua sicut in cœlo et in terra !*

Puis je me jetai dans les bras du bon Père, aussi ému que moi, et je lui donnai une chaude accolade.

— Bien, reprit-il, soyez assuré que vous recevrez les grâces nécessaires et que vous finirez par reconnaître des faveurs de Dieu dans les peines qui vous viendront encore des hommes. Pour l'heure, mettez-vous au travail, commencez votre livre sur le saint Curé d'Ars, préparez une campagne de conférences pour l'hiver prochain et surtout, priez à tous vos moments de loisir.

La lumière avait surgi ! Je me retrouvai une âme vigoureuse, joyeuse, débordante de zèle et je mis les fers au feu tout de suite.

L'évangélique Père Prieur d'Hautecombe me dit de prendre tout mon temps pour affûter de nouvelles armes contre le Prince de ce Monde.

Si bien que, venu au monastère pour huit jours, j'y suis resté six semaines.

CHAPITRE XVI

Dans ce chapitre, je donne quelques notes où j'ai rassemblé diverses impressions de mon séjour à Hautecombe. Vu la variété de ton qu'elles impliquent, je n'ai pas cherché à les relier par des transitions plus ou moins artificielles. On voudra donc bien y voir des *instantanés* pris au jour le jour et formant une collection qui intéressera peut-être quelques personnes.

* *
*

Il est impossible de visiter le lac du Bourget sans parler de Lamartine, car il en a fait : « le lac » par excellence, le lac d'*un soir, t'en souvient-il...* musiqué par le désolant Niedermeyer, le lac qui fait roucouler maintes jeunes filles sentimentales et chlorotiques.

L'avouerai-je? Je n'aime pas beaucoup les vers de cet admirable poète. Je l'admire, si l'on veut — car on ne peut pas ne pas l'admirer, — mais cette déférence se double rapidement d'une sensation d'agacement quand j'essaie de le relire avec quelque assiduité. Et puis, c'est assez saugrenu, dès que je m'occupe de Lamartine, deux dires : l'un de ce serpent de Sainte-Beuve, l'autre de Zola me reviennent d'abord à l'esprit.

Le critique des *Lundis* raconte que Lamartine, ayant rendu visite à Mme Récamier peu après la publication de *Jocelyn,* en reçut des compliments sur ce poème.

— Pardon, Madame, interrompit-il, en êtes-vous à la première ou à la seconde lecture?

— Mais... à la première.

— C'est que c'est seulement à la seconde qu'on peut saisir toutes les beautés de mon livre.

Chateaubriand était là. Il se campait, d'un air gourmé, devant la cheminée et ne soufflait mot, tenant à bien marquer l'antipathie que lui inspira toujours le poète des *Méditations.* Sur cette dernière remarque, il sourit. — Et Lamartine se demanda, une fois de plus, pourquoi le Grand Sachem des lettres françaises ne l'aimait pas.

Quant à Zola, je me souviens d'un passage de son fétide roman : *Pot-Bouille* où la terrible Mme Josserand cherche un exemplaire de luxe de *Graziella*, ornement de son salon. Elle le retrouve dans la cuisine, entre les mains de sa bonne à tout faire et elle s'écrie : — « La sale, elle a pris mon Lamartine pour écrire ses comptes dessus !... »

On a dit, et il est devenu banal de répéter que Lamartine fut aussi complètement poète qu'il est possible de l'être. Ses émotions se traduisaient naturellement en vers, soit qu'il enguirlandât son Elvire de strophes langoureuses, soit qu'il vibrât à la lecture de Byron ou de cette collection d'ampoulés grandiloquentes réunies par l'Ecossais Macpherson, sous le nom d'*Ossian*, soit qu'il s'émût sur Napoléon à Sainte-Hélène.

Poète oratoire et descriptif, il cultive l'apostrophe, la prosopopée et tous les mouvements lyriques qui prêtent à de larges développements. Ce n'est point, du reste, qu'il se montre très varié ; son vocabulaire est restreint ; ses images vont toujours du même vol dans un azur un peu monotone à force d'être éclatant.

D'autres — Baudelaire partout, Vigny dans *les Destinées* — concentrent leur pensée en quelques vers, lui la répand en strophes infinies où elle se répète sans grand souci de la composition. A le lire, on a souvent la sensation de s'abreuver à une source intarissable de lait sucré. C'est doux, c'est velouté, mais cela écœurerait si l'on s'y attardait. Cette abondance peu contrastée fatigue : aussi je ne crois pas qu'il y ait actuellement beaucoup de personnes pour lire, par exemple, *Jocelyn* jusqu'au bout.

Mais pris à petites doses, extraits de poèmes moins copieux, les chants de Lamartine peuvent ravir — et ils ravissent. Est-il rien de plus mélodieux et de plus berceur que le songe d'amour nocturne qui porte le titre d'*Ischia*? Et surtout les trois strophes exquises :

Maintenant, sous le ciel, tout repose ou tout aime :
La vague, en ondulant, vient dormir sur le bord ;
La fleur dort sur sa tige, et la nature même
Sous le dais de la nuit se recueille et s'endort.

Vois : la mousse a pour nous tapissé la vallée,
Le pampre s'y recourbe en replis tortueux,
Et l'haleine de l'onde à l'oranger mêlée,
De ses fleurs qu'elle effeuille embaume nos cheveux.

A la molle clarté de la voûte sereine,
Nous chanterons ensemble assis sous le jasmin,
Jusqu'à l'heure où la lune, en glissant vers Misène,
Se perd en pâlissant dans les feux du matin...

Ces harmonies éoliennes, ces vers qui flottent comme de blancs nuages qu'argente une lumière douce, le vague de l'expression, on les retrouve dans les plus beaux endroits de Lamartine. Ajoutez l'idéalisme et la sentimentalité langoureuse, voilà qui explique leur succès auprès d'un public rebuté par les sèches et froides déclamations où la poésie se mourait au commencement du xix⁰ siècle. Les femmes, particulièrement, furent séduites ; elles n'ont pas cessé de l'être. Et plus d'une, aujourd'hui encore, se croyant une Elvire, garde un culte fidèle à Lamartine.

Quels rêves splendides il dut faire encore, par ailleurs ce grand et, parfois, si ennuyeux poète !

Qu'on se rappelle qu'en une période orageuse, il tint dans ses mains les destinées de la France.

En avril 1848, il fut élu député par six départements et six millions cinq cent mille voix — sans même avoir posé sa candidature. Converti, peu avant, à la République par les études qu'il entreprit pour le livre où il transfigure en héros les insipides bavards que furent les Girondins, il pouvait croire qu'un régime se préparait où il tiendrait la première place.

Le déclin fut rapide. Huit mois plus tard, l'impopularité était venue : c'est en vain qu'il brigua la Présidence de la République. Il n'obtint que quelques milliers de voix, tandis que trois millions de suffrages se portaient sur le prince Louis-Napoléon...

Lamartine président de la République ? Peut-être nous aurait-il créé une France lyrique où les poètes auraient formé l'aristocratie du rythme. Au lieu de partis politiques, nous aurions eu des écoles littéraires dont les controverses eussent été un peu plus intéressantes que les bourdonnements des hannetons de la démocratie parlementaire. Peut-être aussi Lamartine aurait-il abusé de sa magistrature pour dater des Tuileries des poèmes civiques, harmonieux et interminables... Dans ce cas, il vaut mieux qu'il ait échoué...

L'existence de Lamartine, je ne saurais mieux la comparer qu'à un palais magnifique dans une contrée d'harmonie, de lumière et de parfums. Le soleil baigne les marbres et dore les colonnades. Tout autour, il y a des parterres débordant de fleurs douces, des jets d'eau, des bassins où voguent les cygnes. Là, le poète est roi, et tandis qu'il fait vibrer les cordes de sa lyre, des cortèges vêtus de brocard, pavoisés d'oriflammes, ondulent par les allées que sable une poudre de diamants et répètent, jusqu'à satiété, les cadences où le maître du palais répand à l'infini son âme mélodieuse.

Puis le palais s'écroule ; les parterres se flétrissent ; une brume jaunâtre et glacée envahit l'atmosphère où passent de pâles fantômes lamentateurs. Grelottant parmi les ruines, le poète affamé ressasse ses joies perdues et prie qu'on lui donne du pain. Et les marchands de tripes, qui ont envahi le parc, se moquent de lui, tout en lui jetant quelques sous...

Dans la première partie de sa vie, Lamartine connut tous les enivrements et toutes les gloires. Poète acclamé, orateur applaudi, maître de la France, il insuffla l'idéal et la flamme au cœur des bourgeois les plus pachydermiques.

L'effondrement vient tout d'un coup. « Assez de lyre ! » lui crie la postérité de Caliban. Et tombé du sommet où il donnait l'essor à ses rythmes, le poète n'est plus qu'un pauvre *gens-de-lettres* qui cherche à débiter beaucoup de copie pour subsister, qui se débat contre les aboiements d'une meute de créanciers, qui s'éperd en projets chimériques de relèvement tel que celui de fonder un journal pour lequel il réclame un million de souscripteurs à un franc et qui, enfin, écrit dans la préface d'un de ses derniers livres : « Si cela vous ennuie, ne lisez pas ce volume, mais achetez-le : j'ai besoin d'argent pour manger. »

Mais au temps où il écrivit *le Lac*, Lamartine ne prévoyait pas tant de triomphes et de revers. Il était tout à son amour platonique pour Julie Bouchaud des Hérettes, la jolie personne qu'il célébra sous le nom d'Elvire et sur qui M. Léon Séché a publié un livre définitif auquel je vous renvoie (1).

On sait gré à cette dame d'avoir inspiré *le Lac* qui reste un des plus beaux poèmes de la langue française. Malheureusement, ces vers

(1) Léon SÉCHÉ, *Lamartine de 1816 à 1830*. (Librairie du Mercure de France).

furent suivis de *Jocelyn*, vicaire savoyard et mélancolique dont les effusions distillent des pavots. Et il y a *Raphaël*, troubadour transi qui, au fond, n'aime que soi. Enfin, il a *Geneviève*, dont le pathétique larmoyant horripile autant que celui des tableaux de Greuze.

Et puis, si vous désirez l'exactitude dans les descriptions, ne vous adressez pas à Lamartine. En effet, voici comment, dans *Raphaël*, il a peint Hautecombe : « Abrité, tout le jour du soleil par le mont du Chat, cet édifice rappelle, par l'obscurité qui l'environne, la nuit éternelle dont il est le seuil pour les princes descendus du trône dans ses caveaux. Seulement le soir un rayon du soleil le frappe et se réverbère un moment sur ses murs... Et il jette l'ombre de ses vastes cloîtres sur les eaux. »

Autant de mots, autant d'erreurs. Ce n'est pas *la Dent du chat*, située à six kilomètres plus au sud, qui abrite l'abbaye. L'obscurité ne l'enveloppe point, vu que deux de ses façades regardent l'orient et le midi et, par conséquent, reçoivent, toute la journée, les rayons du soleil. Ces dits rayons ne « la frappent » jamais le soir, vu qu'à cette heure, l'astre est descendu derrière la montagne boisée où elle s'adosse.

Quant aux « vastes cloîtres », ils ne peuvent jeter leur ombre sur les eaux, vu que, comme dans tous les monastères, ils forment des cours intérieures...

L'excuse de Lamartine c'est que, quand il se promenait sur le lac avec son Elvire, il était beaucoup trop occupé à soupirer des barcarolles et invoquer les étoiles, en noyant son âme dans les yeux de sa bien-aimée pour regarder autour de lui.

Néanmoins, la Compagnie du P.-L.-M. ferait pas mal d'enlever du volume qu'elle accroche au filet de ses wagons, pour l'instruction des voyageurs, cette description fausse de tous points, de l'abbaye d'Hautecombe...

*
* *

Autre impression de littérature. — Je ne sais si l'influence de Lamartine y est pour quelque chose, mais le site a prétexté un déluge de poèmes. J'en ai parcouru quelques-uns et, entre autre, une élégie signée d'une demoiselle Sasserno.. J'y cueillis ce distique où il est question du lac :

> Poétique bassin où se mirent les cieux,
> Il reçut de « Bourget » le nom mélodieux !

Je crains que Mlle Sasserno n'ait étudié trop assidûment les poésies de feu Camille Doucet, et qu'entraînée par une admiration débordante, elle n'ait voulu à toute force imiter le vers à jamais célèbre :

> De chemin, mon ami, suis ton petit bonhomme...

Ensuite, je ne voudrais pas contrister M. Paul Bourget, de qui je fais le plus grand cas, mais enfin il me semble que son patronyme ne présente rien de particulièrement « mélodieux » fût-il appliqué à un lac.

Quant à « poétique bassin », le terme est fort exact, me dis-je en bâillant et en fermant le volume pour ne plus le rouvrir.

*
* *

Peut-être intéressera-t-il de savoir comment un retraitant peut distribuer l'emploi de ses journées au monastère. Voici donc de quelle façon, j'avais établi mon horaire.

Lever à 5 h. 1/2 ; méditation à l'église ; à

6 h. 1/2. communion et action de grâces ; à 7 heures, déjeûner ; à 7 h. 1/2, préparation du travail de la journée ; à 8 heures, messe de communauté ; de 8 1/2 à 11 h. 1/2 travail ; à 11 h. 3/4, un tour de promenade. *Angelus* ; à midi, le dîner ; de 1 heure à 2 h. 1/2, promenade ; de 2 h. 1/2 à 5 h. 1/2, travail ; de 5 h. 1/2 à 6 heures, lecture spirituelle ; de 6 h. à 6 h. 1/2, méditation et chapelet à l'église ; à 6 h. 1/2, souper et récréation ; à 7 h. 1/2, *Salve Regina, Angelus* à l'église ; de 8 heures à 9 heures lecture spirituelle, méditation ; à 9 heures, coucher — et calme sommeil.

Le mercredi et le vendredi, chemin de croix pour la conversion des pécheurs et pour les âmes du Purgatoire. Le dimanche, grande promenade après vêpres. Le samedi, confession.

Deux fois par jour, le Père, directeur des hôtes, venait me voir. Après la messe de communauté, il entrait, drapé dans sa grande coule blanche, s'asseyait près de moi, s'informait si mon travail allait bien et causait avec cette gaîté si habituelle aux bons religieux. Le soir, à 5 heures, il revenait vérifier mon état d'âme, me proposait quelque sujet de méditation pour le lendemain matin et ne me quittait jamais

6 h. 1/2, communion et action de grâces ; à 7 heures, déjeûner ; à 7 h. 1/2, préparation du travail de la journée : à 8 heures, messe de communauté ; de 8 1/2 à 11 h. 1/2 travail ; à 11 h. 3/4, un tour de promenade, *Angelus* ; à midi, le dîner ; de 1 heure à 2 h. 1/2, promenade ; de 2 h. 1/2 à 5 h. 1/2, travail ; de 5 h. 1/2 à 6 heures, lecture spirituelle ; de 6 h. à 6 h. 1/2, méditation et chapelet à l'église ; à 6 h. 1/2, souper et récréation ; à 7 h. 1/2, *Salve Regina, Angelus* à l'église ; de 8 heures à 9 heures lecture spirituelle, méditation ; à 9 heures, coucher — et calme sommeil.

Le mercredi et le vendredi, chemin de croix pour la conversion des pécheurs et pour les âmes du Purgatoire. Le dimanche, grande promenade après vêpres. Le samedi, confession.

Deux fois par jour, le Père, directeur des hôtes, venait me voir. Après la messe de communauté, il entrait, drapé dans sa grande coule blanche, s'asseyait près de moi, s'informait si mon travail allait bien et causait avec cette gaîté si habituelle aux bons religieux. Le soir, à 5 heures, il revenait vérifier mon état d'âme, me proposait quelque sujet de méditation pour le lendemain matin et ne me quittait jamais

sans quelque parole propre à me donner confiance dans l'avenir.

Excellent Père, si ma campagne de conférences fut féconde, si ce livre n'est pas tout à fait nul, c'est d'abord à sa direction que je le dois. Plus tard, quand je fus retourné au feu, dans le monde, un autre religieux m'assista d'une façon admirable. Mais celui-là m'a défendu rigoureusement de parler de lui. Sa modestie ne m'empêchera pas de lui dire que je l'aime de tout mon cœur et que je lui garde une reconnaissance infinie, — ainsi qu'au Père Pierre, mon directeur d'Hautecombe, qui va, sûrement, se renfrogner parce que je le nomme...

Combien ces six semaines d'oraison, de contemplation et de travail me furent salutaires. Comme j'y rappris le sens surnaturel de la vie ! Je me trouvais tellement heureux qu'il ne me vint pas une seule fois à l'idée de m'embarquer sur le bateau bi-quotidien qui fait la navette entre Aix et Hautecombe.

Malgré les chaudes insistances de l'aimable abbé Termier, curé d'Aix, qui désirait ma visite, je crois que je ne verrai jamais cette ville. En tout cas j'y ai passé deux fois depuis, allant parler à Chambéry, puis en Italie, et je ne m'y arrêtai pas.

Mon seul déplacement fut à Lyon où j'allai amorcer une série de conférences et où j'entrai en relation avec Paul Lœwengard, le juif converti dont tout le monde a lu le beau livre : *la Splendeur catholique* et avec le poète et philosophe Joseph Serre de qui je parlerai plus loin.

Pour le surplus, le recueillement dans la solitude, auprès du cœur de Jésus-Christ me tint lieu de tout. *Beata solitudo, sola beatitudo*, s'écriait saint-Bernard. Et comme il avait raison!...

* * *

Octobre est venu rendant les nuits plus fraîches. Néanmoins, selon ma coutume, je garde les fenêtres ouvertes. Des hirondelles en profitent pour entrer dans la chambre, au coucher du soleil; elles sont trois, puis cinq, puis sept ; elles en font d'abord le tour à grands coups d'ailes. Ensuite, elles se perchent sur les bâtons qui supportent les rideaux et, serrées les unes contre les autres, elles s'endorment après avoir gazouillé entre elles quelques minutes.

Surpris qu'elles n'aient pas émigré, avec

leurs compagnes parties depuis huit jours pour l'Orient, je m'informe. J'apprends que ce sont des jeunes de l'année qui, par inadvertance ou timidité, n'ont pas osé risquer le voyage. Elles mourront aux premières gelées.

En effet, elles me tinrent compagnie, toutes les nuits, pendant deux semaines ; mais un matin où il y eut du givre dehors, je ne les revis plus : le froid les avait tuées.

Je les regrettai. D'abord ce sont de gracieux oiseaux dont le vol preste et onduleux plait par la souplesse de son rythme. Ensuite, après m'avoir bien observé, me jugeant inoffensif, elles devinrent familières. Tandis que j'écrivais, elles se posaient au dossier d'une chaise, ou au coin de ma grande table de travail et elles m'examinaient en inclinant la tête à droite et à gauche : la course de ma plume sur le papier semblait particulièrement les intéresser. Puis elles me jabotaient des choses qui m'auraient, sans doute, ravi si je les avais comprises. Mais voilà, je ne suis pas comme Siegfried qui comprenait le langage des oiseaux et je m'en plains car plus on apprend à connaître les hommes, plus on fréquente, de préférence, et nos frères les arbres et nos frères les bons animaux.

*
* *

Dans mes promenades, je ne sors guère du domaine monastique. Il est du reste suffisamment étendu pour qu'on puisse varier ses allées et venues, sans en franchir les limites. Il forme une bande de terrain plus longue que large. Tantôt, il se resserre entre le lac et la montagne boisée qui s'élève au couchant ; tantôt il empiète sur cette hauteur par mille sentiers tortus où les feuilles empourprées et dorées par l'automne forment des tentures somptueuses. Il comporte quatre kilomètres de longueur environ. Deux statues, l'une de Notre-Dame des Vignes au nord, l'autre du Sacré-Cœur au sud, sont les avant-postes bénits qui en marquent les frontières.

Un jour où le soleil appâli jouait à cache-cache avec des nuages intermittents, j'allai vers Notre-Dame des Vignes. Je passai sous les marronniers au feuillage orange, tigré de brun, puis sous les chênes de bronze et d'or rouge. Ensuite, je m'engageai dans le vignoble qui fournit du vin au monastère. Les ceps se dépouillaient de leurs feuilles qui, couleur d'ambre, feutraient le sol autour d'eux. Je contemplai le lac : ses teintes glauques évoquaient le *cœruleum mare* de Virgile. Ce sont des nuances perses où l'azur et le sinople dominent tour à tour. Le reflet des montagnes applique sur les flots des ombres lilas qui, parfois, deviennent presque mauves. Le vent souffle un peu et des vagues commencent à moutonner sans cependant agiter toute la surface. Il y a des zones calmes où l'eau demeure, sans cesse, étale et prend des tons d'ardoise. D'autres sont constamment ridées et d'un bleu plus clair que le reste du lac. On ne sait pas la cause de cette variété. Peut-être faut-il l'attribuer aux sources chaudes qui jaillissent, paraît-il, dans certains bas fonds et par qui le lac ne gèle jamais.

Au loin, le Revard s'est coiffé de neige. Les Alpes s'estompent dans une fine brume qu'argente la lumière douce. J'arrive à la statue qui porte cette inscription sur son piédestal : *Posuerunt me custodem in vineis, 1900*. Je lui adresse un *Sub Tuum*, puis je regarde autour de moi. Le terrain dévale, en pente brusque, vers les eaux. Il y a là un fouillis de buissons où de la rosée scintille, où les houppes floconneuses de la clématite sauvage se mêlent aux baies de corail vif des églantiers et aux fougères rousses. Une fauvette à tête noire sautille en pépiant et c'est le seul bruit qu'on entende avec celui des vagues et le grondement sourd d'un train qui roule sous un tunnel à l'autre rive. Il fait calme, il fait clair : je suis heureux et je prie...

Une autre fois, je descends le chemin en lacets, ombragé de vieux platanes, qui aboutit à l'embarcadère du bateau à vapeur destiné aux touristes. Je longe une grève, où de gros galets s'entrechoquent sous mes pas, et je gagne l'extrême pointe de sable par où le domaine se termine vers le sud. Je m'assieds sur une pierre plate : le lac est agité aujourd'hui ; des vagues en colère se succèdent et accourent se briser si près de moi que, parfois, elles bavent leur écume jusque sur mes bottines. De grands roseaux secs s'agitent et imitent, en se frôlant, le froissis des sabres qu'on tire du fourreau. Les vagues s'élancent, à l'assaut, se rompent, retombent en pluie, reculent, puis reviennent encore, plus furieuses, comme pour déraciner et jeter bas le roc qui demeure inébranlable.

Ah! me dis-je, c'est le symbole de l'Eglise. Les lames rancunières des tempêtes, que suscite l'impiété se renouvellent sans cesse pour saper ses bases et la détruire. Mais Elle, fortifiée en Dieu, laisse ces haines et ces folles attaques se pulvériser à ses pieds. Elle poursuit sa mission de charité universelle sans s'émouvoir des calomnies et des menaces. Et elle garde la suprême douceur des choses éternelles...

Je rêve longuement, suavement, bercé par le murmure des roseaux et la plainte des flots qui maintenant s'apaisent. Et voici que des vers aimés commencent à filtrer dans ma mémoire et à chanter à travers ma rêverie :

Place à l'âme qui croie et qui sente et qui voie
Que tout est vanité fors elle-même en Dieu ;
Place à l'âme, Seigneur, marchant dans votre voie
Et ne tendant qu'au ciel, seul espoir et seul lieu !

Et que cette âme soit la servante très douce
Avant d'être l'épouse au trône non pareil ;
Donnez-lui l'oraison comme le lit de mousse
Où ce petit oiseau se baigne de soleil.

La paisible oraison comme la fraîche étable
Où cet agneau s'ébatte et broute dans les coins
D'ombre et d'or quand sévit le midi redoutable
Et que juin fait crier l'insecte dans les foins.

L'oraison bien en Vous, fût-ce parmi la foule,
Fût-ce dans le tumulte et l'erreur des cités ;
Donnez-lui l'oraison qui sourde et d'où découle
Un ruisseau toujours clair d'austères vérités...

Pitié, Dieu pitoyable, et m'aidez à parfaire
L'œuvre de votre cœur adorable en sauvant
L'âme que rachetaient les affres du Calvaire.
Père, considérez le prix de votre enfant... (1)

Les flots se sont assoupis tout à fait. Les grands roseaux se tiennent immobiles. Le son grêle et lointain de la cloche qui annonce Vêpres vient vers moi sur les ailes du vent... Allons, rêveur, retourne te blottir un peu aux pieds de Jésus-Christ et lui raconter les gloires de sa Mère.

*
* *

Lorsque je vais à l'église du monastère pendant la journée, je m'efforce de ne pas faire attention aux détails de son architecture. En effet, ils ne me plaisent pas beaucoup : c'est pompeux, emphatique, contourné, criard. Il y

---

(1) *Prière du matin* dans les *Poésies religieuses* de Paul Verlaine (Messein, éditeur).

Notre Dame d'Hautecombe

L'oraison bien en Vous, fût-ce parmi la foule,
Fût-ce dans le tumulte et l'erreur des cités ;
Donnez-lui l'oraison qui sourde et d'où découle
Un ruisseau toujours clair d'austères vérités...

Pitié, Dieu pitoyable, et m'aidez à parfaire
L'œuvre de votre cœur adorable en sauvant
L'âme que rachetaient les affres du Calvaire.
Père, considérez le prix de votre enfant... (1)

Les flots se sont assoupis tout à fait. Les grands roseaux se tiennent immobiles. Le son grêle et lointain de la cloche qui annonce Vêpres vient vers moi sur les ailes du vent... Allons, rêveur, retourne te blottir un peu aux pieds de Jésus-Christ et lui raconter les gloires de sa Mère.

*
* *

Lorsque je vais à l'église du monastère pendant la journée, je m'efforce de ne pas faire attention aux détails de son architecture. En effet, ils ne me plaisent pas beaucoup : c'est pompeux, emphatique, contourné, criard. Il y

(1) *Prière du matin* dans les *Poésies religieuses* de Paul Verlaine (Messein, éditeur).

Notre-Dame d'Hautecombe

a des ornements en stuc qui essaient, sans y réussir, d'imiter le gothique flamboyant. Il y a des rinceaux et des volutes serpentins qui, dès 1824, semblèrent avoir envie de se conformer aux pires tortillements, de ce que notre époque toquée dénomme : *modern-style*; il y a des joliesses devant lesquelles le sens de l'esthétique commande de passer les yeux rigoureusement baissés. Trop de vermicelles pour mon goût !...

Mais le soir, quand l'ombre a mis ses tapisseries de velours noir aux murs, quand nulle clarté ne veille, sauf la lampe du sanctuaire, qu'il fait bon prier dans l'église !

Je m'agenouille au bas-côté de droite. J'offre à Notre-Seigneur mon travail de la journée. Puis rentrant, de mon mieux, en moi-même, je m'efforce d'écarter toutes les préoccupations de vie, pour découvrir au fond de mon cœur la présence de Jésus.

J'y arrive à force de recueillement et d'amour. Et alors, tandis que sans paroles articulées, sans même d'élans d'âme extraordinaires, je me contente de lui dire : « Je vous aime, aimez-moi, Il me fait sentir son impérieuse douceur et il me répond — à voix si basse : — Je suis là et je t'aime.

Ah ! luire et brûler, comme la veilleuse qui rougeoie devant le tabernacle où Jésus repose, n'est-ce pas la raison d'être du chrétien ?... Quand je reprends mes esprits, il m'arrive de méditer une fois de plus sur la Sainte Famille à Nazareth, car c'est une de mes dévotions les plus chères. Pour finir, je récite l'adorable prière d'Ernest Hello, que me donna Joseph Serre, lors de mon voyage à Lyon :

Petit enfant de Nazareth qui vivez dans le silence, la paix et l'humilité, venez en moi, me donner le silence, la paix et l'humilité. Faites que j'aime les petites choses, les petits enfants, vos outils, votre table, que je travaille avec vous, sous vos yeux, dans votre amour ; que je ne vous perde pas de vue ; que je vive, que je pense, que je parle, comme sachant bien que vous êtes là, Marie et Joseph à côté. Donnez-moi le goût de la petite maison avec sa douceur, son ordre, sa modestie et le soulagement qui vient de l'humilité :

Donnez-moi la paix, le calme, l'enfance, la petite maison.

Ainsi soit-il.

*
* *

Voici deux fois que je mentionne Joseph Serre. Il faut pourtant que je vous parle un peu de cet écrivain à qui ses compatriotes ni bien d'autres catholiques ne font peut-être pas suffisamment attention.

J'ai fait connaissance avec son talent en Belgique. Un religieux, qui l'appréciait fort, me prêta son livre sur Ernest Hello en m'engageant à le lire avec soin. Je suivis le conseil et je n'eus pas lieu de m'en repentir, car c'est l'étude la plus complète qui ait été écrite sur l'auteur de l'*Homme* et des *Plateaux de la Balance*. La vie d'Hello est exposée ici en ses caractéristiques les plus essentielles ; sa pensée est disséquée, dans ses derniers replis, avec un doigté dont on trouve peu d'exemples par notre temps de veules apologies ou d'éreintements sommaires. Voici Hello tout vivant. Lisez-le dans Joseph Serre et vous penserez comme moi (1).

Depuis, j'ai connu Serre. J'ai apprécié en lui

---

(1) *Ernest Hello ; l'homme, le penseur, l'écrivain*, 1 vol. (éditions du Mois littéraire et pittoresque).

la bonté parfaite, la foi éclairée et une tournure d'esprit qui pour se montrer parfois un peu encline aux souplesses du paradoxe, n'en revient pas moins toujours, avec allégresse, aux splendeurs immuables du Dogme.

Et quelle fécondité ! Après Hello, il s'est occupé de Loisy pour souligner les aberrations orgueilleuses de ce choryphée du modernisme de Tolstoï pour démontrer les égarements de cette grande âme chue dans les ténèbres du sens propre. Il a écrit sur l'authenticité des miracles de Lourdes une brochure définitive. Vingt autres sujets intéressant la gloire de l'Eglise ont été traités par lui, élucidés, mi dans l'attitude qu'il fallait. Il n'est pas jusqu' son faible pour la démocratie qui ne s'étai d'arguments généreux.

Belle âme, bon poète, en outre, et philosoph sagace, il a droit à une place parmi les Lyor nais glorieux : Borel, Bossan et d'autres...

* * *

Un soir, l'avant-veille de mon départ d'Haut combe, je remontai dans ma cellule, après *Salve Regina* et je me mis à la fenêtre. La beau du paysage nocturne m'y cloua.

Le lac très calme, à peine ridé par quelques courants presque insensibles, s'étale dans une pénombre transparente. La lune, en son plein, monte lentement dans le ciel pur et dépasse les sommets. Son reflet s'allonge en une colonne de lumière, couleur vieil or, qui tremble, papillonne, s'élargit peu à peu sur les eaux sombres. Une barque de pêche attardée, surgie tout à coup, comme un fantôme, coupe et brise le reflet. Mille serpents de feu pâle se tordent autour, ondulent au sillage. Des poissons fabuleux semblent faire miroiter leurs écailles de diamant à la surface. La barque s'éloigne ; une poussière d'étincelles court derrière elle, puis s'éteint. Le bruit mouillé des rames s'affaiblit et se fond dans le grand silence..... Il n'y a plus que cette tranquille nappe de lumière qui sommeille sur les flots et le cirque des montagnes dont les formes vaporeuses revêtent le manteau de gaze bleue des nuits sereines. Les fins peupliers de la rive la plus proche, chuchotent un hymne confus, et leur feuillage s'argente doucement sous la lune. Tout est apaisement, recueillement, prière. Moi aussi je prie en union avec ce paysage de songe. J'adore le grand Artiste qui le créa. Tous les enseignements de ma retraite se condensent en une oraison de gratitude et d'amour qui s'élève dans la nuit comme la lune paisible, comme le murmure pensif des vagues et des peupliers.

Longtemps je demeure immobile, heureux de me sentir une âme renouvelée, fortifiée pour les luttes futures. Quand le sommeil alourdit mes paupières, je gagne ma couchette. Tout dort déjà au monastère. Et Notre-Dame d'Hautecombe, tendre gardienne, veille sur le repos de ses enfants bien-aimés : les bons Cisterciens et le pauvre trimardeur.

*
* *

Et maintenant, voici la Toussaint éclose : il faut reprendre le bâton et la besace pour pérégriner de nouveau à la gloire de la Sainte Vierge.

C'est le cœur serré que je fais mes adieux aux Pères et que je les remercie de leurs sollicitudes. Sans eux, je n'aurais pu reforger l'épée qu'avaient rompue les coups de trique du Mauvais et les cailloux dont certains — dans une bonne intention et pour mon humiliation salutaire, je veux le croire — m'avaient lapidé.

J'embrasse Dom Prieur qui savait si bien réfréner, d'une plaisanterie pieuse, mes bouillonnements. J'embrasse mon sage et vénéré Père Pierre. J'embrasse l'hôtelier, le bon Père Bernard si attentif à soigner les hôtes, si empressé à veiller à ce qu'ils ne manquent de rien. Je secoue les mains avec le Père Procureur, chauffeur émérite du canot automobile que possède le monastère. Je lui rappelle notre course par le canal de Savière jusqu'à Chanaz, à l'entrée du Rhône. Je lui remémore l'anicroche qui nous surprit en pleine eau et comment, après s'être écrié, selon l'accent alsacien le plus indubitable : — *Pon, foilà une banne !* il mit ingénieusement à la raison une bougie rétive...

Je pars, les larmes aux yeux, mais le cœur plein d'énergie, afin de commencer ma série de conférences — pour l'Eglise.

Grâce aux prières des chers Cisterciens et de ceux qui veulent bien m'aimer un peu, elle produisit, me dit-on, des résultats...

Dieu soit loué de tout ! Et à Lui seul toute gloire !

CONCLUSION

En commençant ce livre, j'ai dit qu'il s'adressait, surtout aux jeunes gens. — En le terminant, je crois m'apercevoir que je n'ai pas dévié de mon objectif.

Car il me semble que la jeunesse catholique goûtera les leçons qui découlent d'un pèlerinage auprès de la châsse d'un modèle d'apostolat, et d'une retraite chez de saints religieux plus que ne le feraient beaucoup d'hommes mûrs ancrés dans des habitudes de tiédeur. Il y aura pour elle, ici comme là, une thérapeutique d'âme dont elle se trouvera stimulée et pour la ferveur dans la prière et pour l'action chrétienne.

Dans un milieu social en décomposition, comme le nôtre, il nous est difficile de garder le sens de la Vérité unique si nous ne prenons, au moins une fois par année, la précaution de nous purifier des miasmes dont cette ambiance délétère nous empoisonna l'âme. La chose est encore plus malaisée à un âge où toutes les puissances de l'être sont en pleine sève effervescente.

C'est pourquoi, jeunes gens, mes frères cadets en Jésus-Christ, si vous voulez en croire un éprouvé de la vie, dont les cheveux commencent à grisonner, vous n'hésiterez pas à vous écarter périodiquement d'un monde où Juifs, Jacobins, Francs-Maçons, Pourris de la Haute-Noce purulent si fort que leur contact vous infecterait si vous ne pratiquiez l'antisepsie religieuse.

Il y a encore un autre avantage à cette retraite c'est que, y attisant en soi l'amour de l'Eglise, on y acquiert d'une façon plus aiguë la notion du mal que font les divisions entre catholiques.

J'ai vécu vingt ans parmi le Bloc et je puis vous affirmer que ces querelles et ces défauts d'entente, outre qu'ils réjouissent nos persécuteurs, font plus pour le maintien du régime athée qui nous opprime que toutes les campagnes d'éducation laïque et toutes les tentatives protestantes pour frelater les intelligences de métaphysique teutone.

Une des causes les plus virulentes de cette division des catholiques c'est le fait que certains de ceux-ci nourrissent l'illusion que l'Eglise peut pactiser avec la Révolution.

Il y a là une erreur formelle et d'ailleurs facile à réfuter par une foule d'arguments appuyés sur la physiologie. En voici un que j'estime particulièrement topique : la Révolution n'a cessé et ne cesse de proclamer que l'individu constitue la cellule essentielle de tout groupement social. Or, l'histoire, l'expérience et l'Eglise nous enseignent que la cellule fondamentale de la société, c'est la famille. Il y a donc antinomie entre les deux principes. Vouloir les fusionner c'est aller à un avortement.

C'est ce que je m'efforce d'inculquer à ceux de mes amis républicains et catholiques avec qui je romps parfois des armes courtoises.

Mais la chose est d'autant plus malaisée que, comme les neuf dixièmes des Français, les catholiques ignorent tout à fait l'histoire de leur pays et particulièrement l'histoire contemporaine.

Il en résulte que trop souvent un républicain catholique se laisse prendre au prestige de l'individualisme à ce point de perdre tout sens de la réalité. L'esprit plein de chimères sur la Révolution, le gosier plein de verbalisme ampoulé, il cherchera noise à toute idée politique contredisant la sienne. Il fera l'apologie des hommes et des actes de 93. Il vantera, par exemple, l'ignoble gredin que fut Danton. Il oubliera que cet aventurier noceur, braillard et fort surfait comme homme d'Etat, dupa la sainte fille que fut Mme Elisabeth pour lui arracher cinquante mille francs aussitôt distribués aux bandits qui firent le dix août. Il ne voudra pas non plus se rappeler que Danton fut l'instigateur des massacres de septembre et qu'il s'en vanta hautement.

En outre, ce républicain, logique jusqu'au bout dans l'erreur, rendra ses respects à l'idole révolutionnaire par excellence : la table des Droits de l'Homme — monument d'aberration, quintessence d'idéalisme à faux dont il est stupéfiant qu'un peuple — qui ne passe point pour imbécile — se soit épris.

C'est ainsi que de jeunes catholiques ont fini par faire passer avant leur amour réel pour l'Eglise leur penchant pour l'individualisme révolutionnaire.

Or, il semble bien acquis, après plus d'un

siècle de troubles et de tentatives pour adapter la France aux principes de la Révolution, que notre pays, pour se bien porter, doit être non seulement catholique, mais monarchique.

D'autres jeunes catholiques reconnaissent et propagent la nécessité de la monarchie chrétienne, traditionnelle, héréditaire, décentralisatrice et fortement constituée. Mais, imbus d'une tactique très périlleuse, ils marivaudent avec les partis socialistes dans l'espoir décevant de convertir ceux-ci à leurs idées.

Quant aux autres partis, épris des jeux d'escarpolette où se plaisent les parlementaires et des rêveries surannées du libéralisme, je crois qu'ils ne se recrutent plus guère parmi la jeunesse ou, du moins, si peu que ce n'est guère la peine d'en parler.

Mais le plus triste c'est que ceux qui éprouvent le besoin de l'action ne montrent jamais aucune velléité d'union dans l'Eglise — mère et fondatrice de la France.

Bien plus, une de leurs occupations favorites, c'est d'échanger des coups de poing au sortir de la messe !.....

S'ils voulaient seulement obéir au blanc Vieillard qui, au fond de son Vatican d'ors et de pourpres séculaires, écoute le Saint-Esprit et qui, quand il pourrait ordonner, se contente de nous recommander l'union sous les évêques.

Ne détient-il pas la vérité lui qui foudroya l'hérésie moderniste et qui nous enseigna que, pour nous imprégner d'énergie surnaturelle, il fallait nous unir à Jésus, chaque jour, dans l'Eucharistie ?

Entendons-le donc : faisons l'union dans l'amour de l'Eglise : c'est le seul moyen de tirer notre France du cloaque où la maintiennent les Francs-Maçons et les Juifs.

Alors, sans doute, Dieu nous enverra l'homme providentiel, le César qui, détruisant la Révolution, reconstruira la patrie et qui, plaçant la Croix sur ses enseignes, nous mènera aux revanches attendues.

Alors aussi, le coq gaulois chantera, non pour annoncer des reniements, mais pour proclamer des victoires. — Et les peuples, pleins de stupeur, apprendront de nouveau que les gestes de Dieu se font par les Français !...

Hautecombe, septembre 1911.

Lyon-Fourvière, avril 1912.

A LA MÊME LIBRAIRIE

VIENT DE PARAITRE

Pensées de Monseigneur Gerbet
Évêque de Perpignan
Recueillies et publiées par
M. AUGUSTIN VASSAL
CHEVALIER DE SAINT-GRÉGOIRE-LE-GRAND

1 fort volume in-8° de 400 pages. Prix : **4** francs, *franco*.

ŒUVRES DE Mgr GERBET
Évêque de Perpignan
Mandements et Instructions pastorales

2 forts volumes in-8°. Prix : **10** francs, *franco*

« Nous n'avons pas aujourd'hui, disait Louis Veuillot, dans une page célèbre, d'écrivain plus parfait que Mgr l'évêque de Perpignan. » Ceux qui liront ces deux volumes ratifieront ce jugement, nous en avons la certitude. Ils retrouveront à un degré éminent le docte théologien, le profond penseur, le savant, le poète, tous les titres qui font enfin de Mgr Gerbet un écrivain hors ligne.

CONSIDÉRATIONS
SUR LE DOGME DE L'EUCHARISTIE
GÉNÉRATEUR DE LA PIÉTÉ CATHOLIQUE
Suivies de vue sur le dogme de la Pénitence
Par Mgr GERBET
Évêque de Perpignan

19e édit. 1 beau vol. in-8° orné du portrait de Mgr Gerbet.
Prix : **4** francs

Œuvres pastorales, de Mgr BERTEAUD
Évêque de Tulle

2 beaux volumes in-8°. Prix : **10** francs

La première édition des *Œuvres Pastorales* de Mgr Berteaud parut grâce à une aimable trahison d'amis. L'évêque de Tulle en manifesta gracieusement sa surprise et fut satisfait. L'un des éditeurs, le R. P. Nicolas, a eu l'inspiration d'une édition nouvelle. Il s'est remis, en même temps, à fouiller ses vieux papiers, et il en a tiré un trésor de discours et de fragments absolument inédits, moissonnés parmi les manuscrits de Mgr Berteaud. A défaut d'autres belles gerbes égarées ou emportées dans l'inconnu, le nouveau volume ne manquera point d'intérêt et permettra même, puisque quelques sermons remontent aux premières années de l'évêque de Tulle, de suivre l'essor de ce merveilleux génie.

SAINT-AMAND (CHER). — IMPRIMERIE BUSSIÈRE.

TOLRA et SIMONET, Editeurs
28, rue d'Assas et rue de Vaugirard, 76, PARIS

Ouvrages de Léon Ville
Officier de l'Instruction publique
Plusieurs fois lauréat de la Société d'Encouragement au bien

Une poignée de Héros. 1 vol. in-folio (33×25) avec nombreuses illustrations hors texte et dans le texte. Prix franco : broché 9 fr. 50 ; relié percal., fers spéc., tr. dorées . . . . **12 fr. 50**

Les Pionniers du Grand Désert Américain. 1 vol. in-4 (30 × 20) avec nombreuses illustrations hors texte et dans le texte. Prix franco : broché, 5 fr. ; relié percal., fers spéc., tr. dorées . . . **7 fr.**

Peaux-Rouges et Visages-Pâles. 1 vol. in-4 (30×20) avec nombreuses illustrations hors texte et dans le texte. Prix franco : broché, 5 fr. ; relié percal., fers spéc., tr. dorées . . . . . . **7 fr.**

Aventures d'un Numismate. 1 vol. in-4 (30×20) avec nombreuses illustrations hors texte et dans le texte. Prix franco : broché, 5 fr. ; relié percal., fers spéc., tr. dorées. . . . . . . **7 fr.**

Cent mille lieues sur les Mers. 1 vol. in-4 (30×20) avec nombreuses illustrations hors texte et dans le texte. Prix franco : broché, 5 fr ; relié percal., fers spéc., tr. dorées . . . . . . **7 fr.**

Les Naufragés de l'« Alaska ». 1 vol. in-4 (30×20) avec nombreuses illustrations hors texte et dans le texte. Prix franco : broché, 5 fr. ; relié percal., fers spéc., tr. dorées . . . . . . **7 fr.**

Au Pays des Pommiers. *Voyage à pied à travers la Normandie.* 1 vol. in-4, avec nombreuses illustrations hors texte et dans le texte. Prix franco : broché, 5 fr. ; relié percal., fers spéc., tr. dorées . . . **7 fr.**

Au Pays des Menhirs. *Voyage à bicyclette à travers la Bretagne.* 1 vol. in-4, avec nombreuses illustrations hors texte et dans le texte. Prix franco : broché, 5 fr. ; relié percal., fers spéc., tr. dorées . . . . **7 fr.**

Au Pays des Oliviers. *Voyage en automobile à travers la Provence.* 1 vol. in-4, avec nombreuses illustrations hors texte et dans le texte. Prix franco : broché, 5 fr. ; relié percal., fers spéc., tr. dorées . . . **7 fr.**

Au Pôle Nord en Ballon. 1 vol. in-8, orné de nombreuses compositions. Prix franco : broché, 2 fr. 50 ; relié percal., fers spéc, tranches dorées . . . . **4 fr.**

Au Klondyke. La Soif de l'or. 1 vol. gr. in-8, orné de nombreuses compositions. Prix franco : broché, 2 fr. 50 ; relié percal., fers spéc., tr. dorées . . . . **4 fr.**

Les Corsaires d'Afrique. 1 vol. gr. in-8, orné de nombreuses compositions. Prix franco : broché, 2 fr. 50 ; relié percal., fers spéc, tranches dorées . . . . **4 fr.**

Les Mystérieux Conquérants de l'air. 1 vol. gr. in-8 orné de nombreuses compositions. Prix franco : broché, 2 fr. 50 ; relié percal., fers spéc., tr. dorées . . . . **4 fr.**

Les Chrétiens en Chine. 1 vol. gr. in-8 orné de nombreuses compositions. Prix franco : broché, 2 fr. 50 ; relié percal., fers spéciaux, tranches dorées . . . . **4 fr.**

LA VIE AU DÉSERT, 13 vol. gr. in-8 raisin (25×16) ornés de nombreuses compositions, *se vendant séparément* chacun Prix franco : broché, 2 fr. ; relié percal., fers spéc., tr. dorées . . . . . **3 fr.**

NOS GRANDS CAPITAINES, 6 vol. gr. in-8 raisin (25×16) ornés de nombreuses compositions, *se vendant séparément* chacun. Prix franco : broché, 2 fr. 50 ; relié percal., fers spéc., tr. dorées . . . . . **4 fr.**

SAINT-AMAND (CHER). — IMPRIMERIE BUSSIÈRE

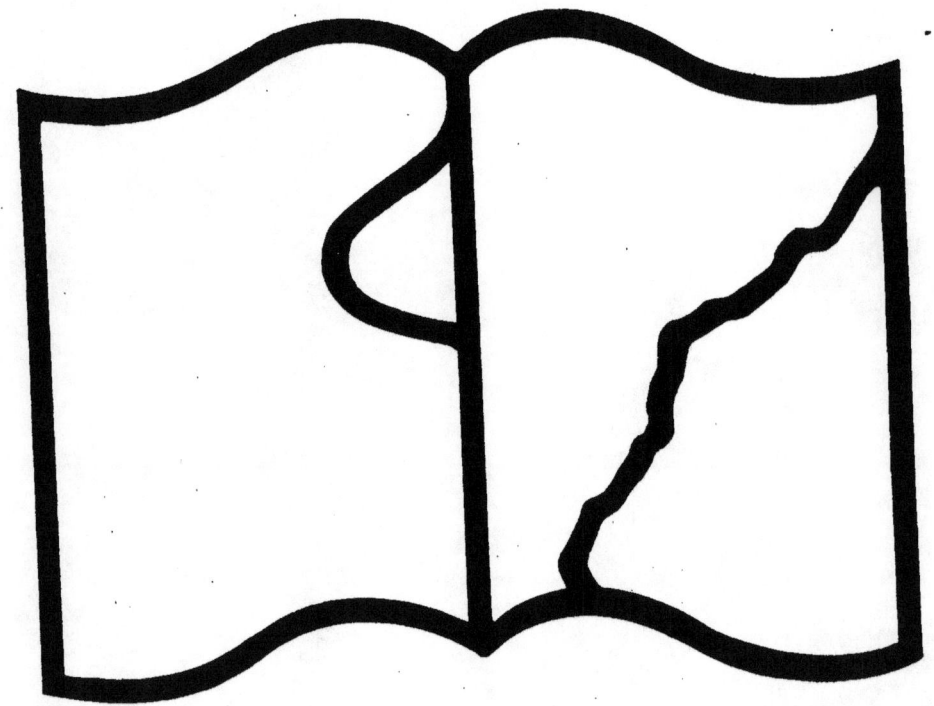

Texte détérioré — reliure défectueuse

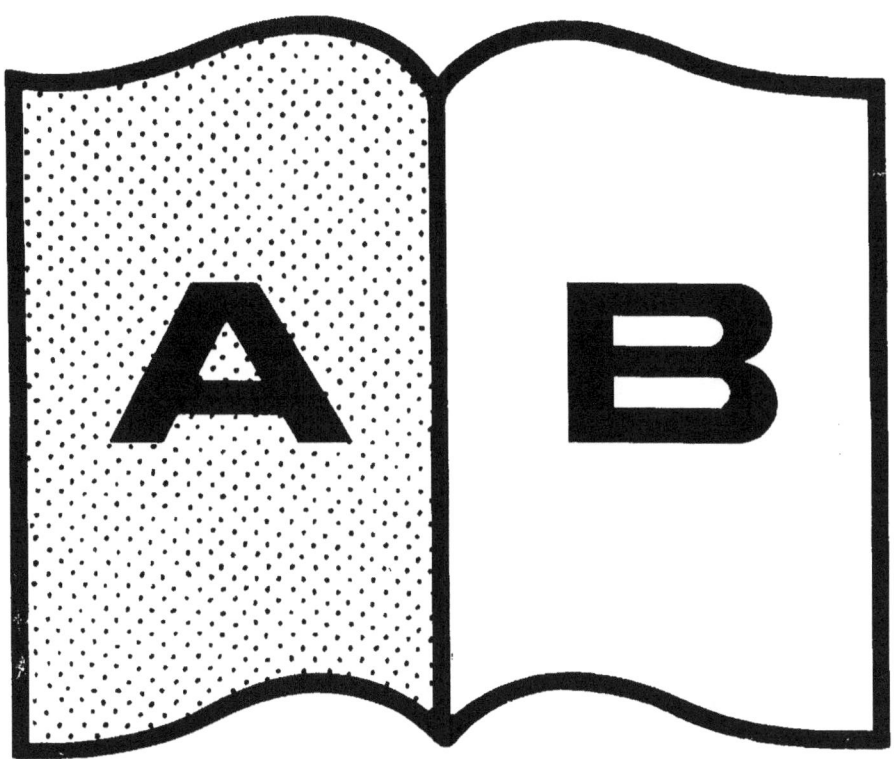

Contraste insuffisant

NF Z 43-120-14

www.ingramcontent.com/pod-product-compliance
Lightning Source LLC
Chambersburg PA
CBHW050336170426
43200CB00009BA/1617